松浦恵子

白い杖の先に

神奈川新聞社

目次

凡例

一、人名は原則、仮名とし、歴史的人物および一部を実名としました。

一、年号は元号表記を基本としました。

一、盲人、聾唖《ろうあ》など、歴史用語としてそのまま記述しました。

一、地名や学校名など固有名詞は当時のもので、（　）内に（現――）と表記しました。

第一章　盲学校との出会い

一　導かれて

駅のプラットホームや、あちらこちらの歩道で見かける点状や線状のブロックは、視覚に障がいのある人たちを誘導する標《しるべ》である。

日本で初めて敷設されたのは、昭和四十二年のことで、岡山盲学校近くの交差点の横断歩道だった。発案したのは岡山に住む三宅精一で、友人の失明がきっかけだった。

「視覚障がい者が安全に歩行できるよう、日本の主要な歩道に点字ブロックを」との彼の願いが広がっていき、その年には早くも大阪や京都で敷設され、東京や横浜へと続いていった。

神奈川県立の盲学校が所在する平塚には、四十六年に学校近くの追分交差点に設けられた。そこは生活道を含めると五差路と入り組んでいて、視覚障がい者が歩行するには常に危険が伴っていた。加えて、高度経済成長によって自家用車が普及し交通量も増加しており、安全施設を要求する声が上がっていた最中のことだ。

平塚盲学校や商店街、近隣の学校が一丸となって追分地下道の建設を県に働きかけ、その完成と同時に点字ブロック敷設が実現した。

開通した地下道の中央には噴水池が造られ、放射線状に七か所の出入り口が設けられた。明るいクリーム色の壁面には、点字タイルの案内板がはめ込まれた。点字ブロックは、地下への出入り口や階段の上り口などに敷かれ、追分交差点での歩行が安全にできるようになった。

矢野亜以子がその平塚盲学校に新任教師として採用されたのは、昭和四十五年四月。追分地下道完成の一年前のことになる。

愛知県の刈谷に生まれ育った亜以子は、大学を卒業したのちは上京して教師になりたいと考えていた。その第一歩は首都圏の教員採用試験の受験だった。

最終的に受験先を神奈川県だけに絞り込み、結果を待った。年内に合格の吉報は届いたものの、その後は音沙汰がなく不安な日々を送っていたが、立春を過ぎて待ちに待った採用通知が届いた。赴任先が盲学校だと知らされた時、母親が
「縁があったのかねぇ」

と、寂しさを隠しながら呟いた。思いがけない母の言葉に亜以子は驚いて聞き返した。

「えっ、縁ってどういうこと?」

「覚えていないかもしれんけど、宮城道雄さんが亡くなったのが、刈谷だったからね。小さい頃に病気で目が見えなくなって、箏《こと》の道に進まれた。音感が良くて、才能もあったんだろう

ねぇ。あちこちで演奏して世界的に有名になっていたから、あの事故は大きな新聞記事になったよ。たしか昭和三十一年だったから、亜以子が三年生の頃じゃない？　上り列車から、供養塔が見えるけど覚えておらんの」

『春の海』の作曲で知られる箏曲家の宮城道雄が関西公演に向かう途中、刈谷駅の手前で夜行急行列車から転落し、命を落とした。その事故は、まだ小学生だった亜以子の記憶に刻まれるほど、衝撃的な出来事だった。

亜以子が幼い時分、母の実家を訪れた時、床の間には箏が立てかけられていた。伯母が生田流の箏を習っていたとは聞いていたが、それほど宮城道雄と深い関わりがあったわけではない。

だから、母親が、

「この刈谷で目の見えない方が亡くなられたという縁と、亜以子がこれから仕事でそういう人と関わるという縁。導かれた縁だと思うよ」

と言った言葉は、すぐに受け止めることができなかった。

陽だまりの縁側につかの間の静寂が流れた。ガラス越しに、真っ赤な椿の花が見えた。

「縁を大事にして過ごすから、心配しないでね」

と、沈黙を破り亜以子はそう言って、母親の肩を軽く叩いた。

任地が決まるとすぐに、離郷の準備に取りかかった。二月中旬、まずは住まいを探すために、母と一緒に初めて平塚を訪れた。

駅前の不動産屋で紹介された物件を数件見て回り、駅から徒歩で二十分、バスなら七、八分という盲学校近くの便利な場所に部屋を借りた。木造二階建ての古びたアパートで、六畳一間に一畳弱の流し場付き、風呂はなくトイレは共同だった。六千円の家賃は、親元から離れ自分の給与でまかなっていくのには適当な金額であり、住まいだと亜以子は思った。

契約を済ませてから、二人は盲学校へ向かった。

「ここなんだね」

と、母親は安心した表情を見せた。正面玄関の手前左手には、校舎を凌《しの》ぐほどの松の木がそびえていた。

母はニュースで知る限りでは何かと物騒な都会に、娘を出すのは不安だったに違いない。東京から列車で一時間余の位置にありながら、都会然としていない雰囲気が気に入ったようだった。駅前広場から行き交うバスや、真っ直ぐ北へ伸びる通りの風景を見届け、二人は帰路に就いた。

慌ただしく日々が過ぎ、昭和四十五年の三月末、亜以子は刈谷駅から東海道線で豊橋に向かった。いつでも日帰りできる距離だからと、駅までの見送りは断った。荷物はチッキでアパートに送ってあり、身軽な出立だった。

上り列車が出発して間もなくすると、宮城道雄供養塔が目に入った。事故の翌年に建立された供養塔の先端は、虚空を差していた。志半ばで断たれた宮城の無念が天上で叶うようにとの祈りが込められているように見えた。

豊橋駅で新幹線こだま号に乗り換えた。三月最後の休日だったこともあり、待合室もホームも混雑していた。（上京してこれから一人暮らしを始める人もいるんだろうな）と亜以子は行き交う若者と自分を重ね合わせた。

新幹線の一人旅は快適で、浜名湖、茶畑、大井川と次々に通り過ぎる自然の風景に心が弾んだ。トンネルを抜け富士川鉄橋に差しかかると、頂上は霞んでいたものの広大な富士山麓の景色が広がっていた。

小田原までの一時間半ほどの小さな旅を終え、在来線に乗り換えて平塚に向かった。

平塚の駅舎は平屋建てで、国鉄民営化の前で古びていたが、十三階建ての梅屋百貨店はひときわ目を引いた。春休み中だからなのか、親子連れがひっきりなしに百貨店の入り口に吸い込まれていった。

正面はバスロータリーだったが、バスの利用者は地下通路から階段を上がり、乗り場へ出なければならない不便さがあった。

北口駅前がバリアフリー化されたのはその約四十年後のことで、実現まで長い年月を要した。

亜以子は感慨深く辺りを見回した。肉親も知り合いもいないこの町で、これから先の歳月を生きていくのだ。

親元を離れようと神奈川県だけを選び、教員試験を受けた。その結果、運よく平塚盲学校に採用が決まった。母の言った縁という言葉もそれほど的外れではないかもしれない、と思った。アパートの部屋の前に着いた時、軽く会釈をして鍵穴を開けた。かすかに畳の匂いがした。翌日、追分の小さなサイクル店で自転車を買い、着任までの間、早春の平塚を巡ることにした。

駅前北口から追分までは歩道もあり広い道路が続いているが、その先の秦野街道は道幅が狭く、大型車が通る時は自転車を降りてよけなければならない。目の不自由な人たちにとって、歩道のない道路を歩くのはどれほど大変か、と思いを馳せた。今まで気づきもしないことだった。

伊勢原街道方面へ進むと、音の出る信号機のついた六本（現平塚ろう学校前）の交差点があった。横断歩道側が青になると音が出て、安全を知らせる。今では見慣れた光景だが、昭和四十三年に県下で初めて設置されたのがこの場所だった。

音を背にして更に北に向かうと、畑の風景が広がり、視界の前方には大山や丹沢の山々、箱根山系が弧を描くように連なっていた。アパートの二階部屋から見えるのとは比べものにならないほど、堂々とそびえ立つ富士の姿もあった。

六本交差点を東へ曲がると県立平塚ろう学校があり、その先は農林省果樹試験場（現平塚市総合公園）で、高いブロック塀で囲まれていた。

ろう学校の校庭では、春休み中の野球部員たちがキャッチボールをしていた。空中を飛び交う小さなボールを、打ったり捕ったりするのはなかなか難しい。（目が見えない子どもたちは野球ができるのだろうか？）ふと、そんな素朴な疑問が頭に浮かんだ。

盲学校と隣り合う横浜ゴム工場の北側も塀が続いていた。一方通行の通りは、高いコンクリートの塀が続いているので、監獄通りと呼ばれていると後で知った。幸い盲学校までは、車道を隔てるガードレールが取りつけられていて、安全面の配慮がうかがえた。

（もうすぐこの道を通うんだ。後にはもどれない）と亜以子は自分に言い聞かせ、平塚巡りを終えた。

新年度が始まる昭和四十五年四月一日を迎えた。花冷えのする朝だった。雪を頂いた富士の山頂を、西の窓から見ることができた。背筋を伸ばしガラス戸を開けると、冷涼な空気が顔を撫でた。少しの間、亜以子は目をつむり、その空気に身を委ねた。そして、気持ちを引き締め駅へ向かった。

満員の上り列車に揺られ横浜の会場へ行き、辞令交付など一連の儀式を終えてから、平塚盲学校へ赴いた。同期採用となった橋本雅夫や赤羽誠、大西聡子が一足先に着任していた。

午後の全体会議の冒頭、新任四人は職員室の前方に横一列に並び、校長から紹介された後、赴任の挨拶をした。橋本、赤羽は高等部、大西と亜以子は小学部の配属となった。

横長の職員室にはぎっしりと机が並び、学部ごとにまとまっていた。亜以子は与えられた席に座わり、新年度最初の職員会議に参加した。（いよいよ動き出したのだ）とやや緊張しながら、先輩教師の発言に耳を傾けた。

すべての議題が終わり、一息ついていると、全盲の教員が壁を伝いながら近づいてきて、

「矢野先生は刈谷の出身なんですか？」

と、唐突に尋ねた。そして、

「いやぁ、奇遇です。驚きました。刈谷は僕にとって特別な所だから。僕はねぇ、宮城道雄先生から箏を習っていた最後の弟子なんです。

刈谷で先生が亡くなられたのは、僕が中二の時でした。驚きというより、信じられなかったですよ。発見がもう少し早かったら、助かっていたかもしれないと聞いています。

いずれにせよ、僕は勘が悪いが先生も悪かった。勘が悪いのは盲人にとって致命的です。

それからね、僕が着任してから聞いた話ですが、十五年前に宮城先生の箏曲演奏会が平塚盲学校主催で行われたんです。教具のテープレコーダーを購入する資金を集めるため、協力してくれたそうです。あの事故はその翌年に起きました。今、思い出しても体が震えるほど悔しい

ですよ。

あっ、申し遅れましたが越水といいます。箏曲部の顧問をしています」

予期せぬ出会いに亜以子は面食らった。まさか自分が生まれ育った刈谷と平塚盲学校が宮城道雄を介して繋《つな》がるとは、予想だにしていなかった。

（母が言った縁とはこういうことだったのかもしれない）

縁とは出会いなのだと改めて思った。そして、この世は縁や出会いが人生を導いてくれるのではないかと思い当たった。

今後、ここにどんな縁が待っているのか、あるいは、ここからどんな出会いに導かれていくのか、亜以子は未知の世界に向かって、スタートラインに立った。

二　新米教師の着任

着任の一日が無事に終わり、誰からともなく新人の四人は職員室の後方に集まった。ともに当校に採用が決まり、大学卒業後、地方から出てきたという境遇だった。盲学校の周辺に部屋を借りたことも同じだった。

「お疲れさま。コーヒーでも飲みに行きましょうか?」

年長の橋本雅夫が声をかけた。

四人は紅谷町まで歩き、「白鳥」という喫茶店に落ち着いた。注文したコーヒーがテーブルに並べられ、それを一口飲んだ橋本が、

「ぼくは皆さんより二歳上です。眼の怪我をしましてね、休学したものだから」

と話し始めた。すると、赤羽が
「ぼくは生まれつき眼の疾患があって、全盲ではないですけど、ほとんど見えません」

と、言った。

「視力が〇・〇二未満なので、分類上では準盲です。小学部から東京教育大学(現筑波大学)の附属盲学校(現附属視覚特別支援学校)に通いました。先生になりたくて、高等部の専攻科で按摩、鍼灸師の資格を取って教員養成課程へ進んだんです。実家は東京ですが、平塚盲へ採用されました。独り立ちする良い機会です」

白杖を使いながらも、臆することなく歩いている姿に驚きをもって見ていた亜以子は、

「一人で大丈夫なんですか? 怖くはないんですか?」

と、ぶしつけに尋ねた。

「学生時代、歩行訓練をみっちり受けたから一人で歩けます。歩く時、頭の中に地図を描く

ように教えられました。大丈夫、車の音は聞こえるし、歩行者はよけてくれますからね。ただ、自転車は音がしないので、ちょっと怖いかな」

「困ったことがあったら遠慮なく言ってくださいね。同期ですから」

盲教育のこと、学部のこと、点字のことなど、出会ったばかりなのに話題は尽きなかった。それぞれにこれからの生活に幾ばくかの不安を抱えていたのかもしれない。時間はまたたく間に過ぎた。

翌日から新採用研修が始まった。四人は教務主任からさまざまな講義を受けた。

「入学資格は、両眼の視力がおよそ〇・三未満で、メガネやコンタクトレンズで矯正ができない、または視力以外に視機能に障がいがある者が対象と定められています。一般の小、中学校や高校など普通教育に準じた教育が行われています。

少人数ですが、眼の障がいも能力も一人一人違います。難しいとは思いますが、しっかりと教材研究をして臨んでください」

亜以子がとりわけ興味を抱いた研修は、点字についてだった。視覚障がい者の文字である点字は、フランス人のルイ・ブライユによって十九世紀の初期に考案された。日本では明治中期、訓盲唖院（現筑波大学附属視覚特別支援学校）の教師だった石川倉次が、ブライユの六点点字を工夫し、日本語で表記することに成功した。

その後、東京の盲学校から地方へと徐々に普及していき、盲人の文字として根づいていった。点字は五ミリ四方ほどの小さなマスに、縦三点、横二点の六つの点があり、その組み合わせで作られている。亜以子は「あいうえお」の母音をもとに、点を組み合わせて子音を作る規則性を覚え、点字盤を使って練習を繰り返した。点字盤はずっしりと重く、一点打つのも力が必要だった。

「点字は利き手ではない方の人差し指に利き手を添えて、左から右へ読みます。利き手は、メモなどを取る時、打てるように備えておきます」

自分の氏名を打った点字用紙を取り出すと、文字を突起として確認できた。亜以子は目を閉じて左手の人差し指で触ってみた。

触ってみると、点が塊のように感じられ、一字一字読み取ることができなかった。

「よほど研鑽を積めば指で点字を読むことができますが、一朝一夕にできることではありません。指の皮膚が硬くなっていますからね。中途失明で入学される年配者は苦労していますよ」

目新しい経験ばかりだった。終日集中していた頭は、はちきれそうになっていた。

研修期間が終わり、四月六日に入学式、始業式を迎えた。満開の桜が新しい門出を祝福する時季なのに、盲学校と平塚共済病院の境に植えられた桜はまだ固い蕾《つぼみ》のままで、春はもう少し先のようだった。

入学式は小学部と中学部、そして、高等部の新入生が一堂に会し体育館で行われた。高等部の職業課程には年配の新入生も混じっていた。

花冷えのする館内だったが紅白幕が張られ、着飾った保護者の列席もあり華やかだった。ざわめきがとても明るく感じられた。何となく抱いていた暗いイメージは、そこにはなかった。

開式の辞の後、学級担任が新入生の名前を読み上げた。三つの学部合わせて約三十名。机や椅子がぎっしり詰め込まれた教室で学んだ亜以子にとって、それは一学級にも満たない生徒数だ。視覚に障がいのある児童・生徒が県内の各地からこの盲学校を目指し、まさに縁あってここで出会うことになった。

大きな声で返事をする高等部の生徒たちは、これから始まる未知の世界に対して、自分を奮い立たせているかのようだった。

一時間の式典が終わり新入生が退場すると、入れ替わりに在校生が八十ほどの席を埋め、始業式が始まった。

式の終盤で全職員の紹介があった。職員構成は校長から始まり、教頭、教諭、実習助手、寮母、事務員、司書、栄養士、業務員など多岐にわたり、その人数は八十名以上に上った。

約百十名の生徒に八十余人が携わる盲教育。（一人一人を理解し、きめの細かい行き届いた教育が求められているのだ）と亜以子は得心した。教育実習で学んだ経験が、役に立つかどうかわからない。縁を信じてやるしかないと、壇上から生徒を見詰めながら思った。

初めて担任したのは、女子二名、男子三名の小学部五年のクラスだった。女子と男子の一人が全盲で、他は矯正しても視力が回復しない弱視生。五人は一年生からこの盲学校に通い、ずっと同級生として育ってきた。自分の家族、兄弟以上の間柄と言えなくもない。

式後、亜以子は二階の教室に彼らを案内し、着席した五人の名前を呼んだ後、簡単に自己紹介をした。すると、

「先生の生まれはどこですか?」

と、幸弘が両眼を押さえながら聞いてきた。先生と呼ばれることに気恥ずかしさを感じながら、

「先生の生まれたところ？　愛知県です」

「やっぱりな」

「えっ、やっぱりって?」

「発音がおかしいです。訛《なま》りがあります」

彼らの研ぎ澄まされた耳は、ちょっとしたアクセントの違いまで見抜いていたようだ。

「そんなことはないと思うけど……。ところで、平塚には訛りがないの?」

「方言はありますよ。『だべ』とか『じゃん』とかよく使う。でも、訛ってはいないなぁ」

「先生だって訛ってないと思うけど」

もう一度、声高に言ってみた。すると、今度は千沙がハスキーな声で

「いえ、完全に訛ってます」

と駄目押しの一言を発し、クラス中が笑いに包まれた。

「先生、愛知県は名古屋コーチンで有名なので、明日からぼくたちは『こっこ先生』と呼びたいのですが、いいですか？」

（早くも私にあだ名ですか？）と彼らの距離感のなさに驚いた。長年同じ環境で過ごすうちに、学校という場でも家庭的な雰囲気を持ち込んでいるのだと感じられた。（なれ合いになるのは避けなければならない）と亜以子は思った。

「学校では普通に名字で呼んでほしいな」

そんなやりとりを終え、全盲生に分厚い点字教科書、弱視生には検定教科書を配布した。全盲生はすぐに新しい点字教科書を開いて、読み始めた。

「勉強が難しくなるから心配。特に算数」

と、明乃が困った表情を見せた。

「でも、点字は漢字がないからいいじゃん。墨字《すみじ》は漢字ばっかりだよ」

弱視の幸弘と勇が声を上げた。

盲学校では点字と区別して、一般の文字を墨字と呼んだ。墨字というと毛筆で書いた書道の文字を思い浮かべるが、ここでは印刷物すべてを墨字と呼ぶのだった。

弱視生に配布された一般の教科書は文字が小さく、二人は顔を近づけないと読むことができない。授業中は弱視用ルーペを使っているという。

(明日からどう向き合おうか) と考えながら連絡事項を板書すると、

「矢野先生、黒板の真ん中から下を使って、少し大きめの文字で書いてください。あと、チョークは白か黄色でお願いします」

比較的視力の良い勇からの要望だった。幸弘はかなり視力が悪く、板書の文字は見えるけど読みにくいとのことだった。

女子と全盲の芳樹は点字盤に点字定規を置き、セットした用紙にポツポツと音を立て、点字でメモを取った。三人のそのスピードは弱視生よりもはるかに速い。亜以子はただ見とれていた。

帰りの会が終わって勇が下校した後、十二時を過ぎても四人は教室に残っていた。

「帰らなくて大丈夫なの」

窓側に置かれた事務机で日誌をつけながら、亜以子が帰宅を促すと、

「大丈夫です、先生。僕たちは寄宿舎生だから、昼食は舎の食堂で一時までに食べ終えれば

いい決まりになってます。お昼はカレーだから五分で終わります」

幸弘が説明しながら机に寄ってきた。

すると、芳樹が掃除用具ロッカーからバットを取り出し、

「いいぞ」

と、叫んだ。千沙が床上のボールを思い切り滑らせた。鈴の入ったバレーボールが、芳樹の背後で手を叩く明乃の方へ転がった。芳樹は耳をそばだてボールの位置を確信するやいなや、床に沿ってバットを振った。鈍い音がしてボールが横へ流れた。

「ストライク」

と、幸弘がジャッジした。

「先生もやってみたら?」

幸弘に促され、亜以子はバットを持ってしゃがんだ。

「いきます」

ボールが千沙の手を離れた。目をつぶって音のする方向に構え、ここぞと見計らってバットを振ったがタイミングが合わず、ボールにかすりもしなかった。

「案外難しいね」

「先生、試合ボールは鈴が入ってないから、もっと打てないです」

と、芳樹が口を尖らせながら言った。

盲人野球は、地を這いながら本塁へ向かってきたボールを、できるだけ遠くへ打ち返して得点を取り合う競技だ。

点字といい野球といい、目の見えない人の可能性を広げる創意工夫の底力を、見た思いだった。

先生と呼ばれた初日があっという間に過ぎた。

その後、離任式や身体測定、検診などの行事が慌ただしく続き、落ち着きを取り戻した時には四月も半ばを過ぎ、その頃には給食も始まった。

給食は運動場を隔てた北側にある寄宿舎棟の食堂で、全校生徒、職員が一緒に取ることになっていた。寄宿舎へは渡り廊下で行き来ができた。

給食は子どもたちが何よりも待ちかねた時間だった。学級ごとに配給された給食用食缶から、個々の食器に盛りつけ、係の勇が献立の説明をした。

「六時にパン、三時にとんかつ、九時にポテトサラダ、十二時に牛乳があります。いただきます」

トレイを時計の文字盤に見立て、針の示す位置に料理を置く。見えなくてもわかる工夫がここにもあると亜以子は感心した。

「先生、犬食べってわかりますか?」

と、千沙が聞いた。

「お皿を手に持たないで、口をもっていって犬のように食べること。盲人に多いんだって。見られているのがわからないからでしょ。見られているってどういうことかよく理解できないけど『気をつけなさい』って母に言われます。家で、時々犬食べしちゃうから」

千沙は三人姉妹の末っ子だった。父母会の折、母親は「主人と姉たちが千沙に甘いぶん、私が厳しくしているんです。千沙のためですからね」と何度も繰り返し語っていた。母親としての愛に満ちた重みのある発言だった。

子どもたちからも親からも、学ぶことがそこかしこにある。担任としてしっかり受け止め、一つ一つに真摯に向き合っていこうと思った。

日々の授業で亜以子が最も苦労したのは、目で確認できない事柄をどのように理解させるかだった。色もその一つだった。教科書に赤や青が登場すると、芳樹が

「先生、赤は太陽、青は空や海、白は雲、緑は木の葉っぱの色と言えばわかります。ずっとそれで教わってきましたから」

「そうそう」

と、千沙と明乃が口をそろえる。実際に見たこともない色を、本当にそれだけで理解できる

のか亜以子は不思議だった。

「太陽は熱いから赤は熱い感じがするし、青は明るかったり冷たかったり。白はフワフワ、緑はゴワゴワしてます。そんな感じかな」

「緑って、葉っぱを触った感じそのままじゃん」

幸弘が口を挟んだ。そして、授業はいつの間にか脱線して、服装の色選びへとそれてしまう。亜以子の服装を幸弘がいつも女子に説明していたのは、色にも関心を持っているからだった。

「色を知ることはとても大事なことだと思います。これから先、社会に出る上でもね」

「僕たちの将来は理療科へ進んで按摩や鍼灸の資格を取ることと、決まっているようなものだから。社会とはあまり関わりがないような気がするけどね」

芳樹の言うことを亜以子は否定できなかった。選択できる職業が限られ、将来の夢を抱けない子どもたち。彼らと向き合うことは、彼らの可能性を求め未来を見詰めることだ、と考えさせられた。

毎日の教材研究の他に、割り当てられる組織の仕事があった。小学部では年配の女性教員が半分を占め、「若いから」と仕事を任されることが多々あった。学期ごとの学部行事計画、そして実施。校務分掌、学部研究、教科研究、月ごとの会議等々。何よりも子どもたちとの触れ合いを大事にしたいと思っても、思うように時間が取れなかった。

亜以子が悩みを抱えると、いつも橋本雅夫が
「コーヒーを飲みに行きましょう」
と、同期生を「白鳥」へ誘った。みなそれぞれに突き当たっている壁があった。それだけに、とりとめのない話をするだけで気持ちが軽くなるのだった。

亜以子が就職して初めて帰省したのは旧盆の時季だった。母親に話したいことは山ほどあったけれど、余計な心配はかけまいと多くは語らなかった。ちょうど来訪していた伯母が、越水の話を興味深げに聞いてきた。そして、宮城道雄供養塔へ慰霊に行こうと亜以子を誘った。

塔の花台には色とりどりの盆花が供えられていた。
「宮城先生が亡くなって十四年。あれから日本は、目の見えない人たちのために安全な社会づくりをしているかしらん」

伯母は宮城道雄のことを忘れてはいけないと言った。そのとたん、亜以子の頭に目の見えない人との日常が浮かび上がり、平塚の町、学校や子どもたちのことなど、数か月の過ぎ去った時間が口から息せき切って溢れだした。伯母や母親にすべてを吐き出した後は、ゆったりと帰省の数日間を過ごせたのだった。

二学期になり、隔年実施の文化祭が終わると、修学旅行の計画に取りかかった。体育祭との兼ね合いで修学旅行は六年生の五月に予定されているため、この時期から準備を始める必要が

あった。例年、日光へ出かけているが、彼らは静岡方面を希望した。

「三保の松原の砂を触ってみたい」

と、千沙が言った。

「運動場の砂とそんなに変わらないんじゃないの。この辺も昔は海だったんだから。僕は登呂遺跡に行きたい。弥生時代にタイムスリップするんだ」

と、芳樹。幸弘は、

「静岡と言えば清水の次郎長。海道一の親分の墓参りはどうかな？」

意表を突いた発言だった。

「その次郎長って、どういう人？」

千沙の質問に、幸弘は
「やくざの親分だから、社会のはみ出し者。でも、子分を大事にしたし人助けもしている。義理と人情に厚い男の中の男と言われているから、僕は好きなんだ」

「何かわかる気がする。幸弘君らしい」

と、明乃が膝を叩いた。

「確かに。幸弘君はありきたりじゃないからね」

千沙の意見に二人の男子もうなずいた。

「修学旅行は学習の延長ですよ。日頃、教室では得られない勉強をするため、実際にその場所に行き見聞を深めるのです。他にも調べてみましょう」

話し合いや調べ学習を何か月も重ね、五年生を修了する頃には静岡行きが確定した。

三　児童とともに

昭和四十六年の春、卒業生を送り五人は最高学年に進級した。亜以子はそのまま担任として持ち上がった。

数人の先生が他校に異動し、新たな仲間を迎えた。新採用として六人が着任した。今年は迎える側にいるが、一年前は向こうにいて未知の世界に緊張していた自分を思うと、不思議な気持ちになった。つい昨日のことのように思え、また遠い過去のようにも思えた。

盲児の指導法などについては少しずつ、わかってきたが、目で確認できないことをどう理解させるかは、相変わらず大きな課題だった。

時限の開始を告げるチャイムが鳴り、難問の地図指導の始まりだ。紙面上で色分けされた日本や都道府県の地形、平野や山、川、市街地の様子、東西南北の方位などを理解させなければならない。

六年を持ち上がった早々、地図に思い悩んでいた亜以子に
「図形指導には、レーズライターが便利ですよ」

と、先輩教師がクリップボードの形をした作図器を取り出して見せた。プラスチック板に特殊なセロファンを載せ、ボールペンで書き込むと筆跡が凸状になって現れた。

「これがレーズライターですか？　あっ、線や形が触ってわかります。これで学校周辺の道を描けます」

先輩教師からの教えを受け、早速使ってみた。

「先生、僕たち、レーズライターは低学年から使ってます。図工の時間はこれで絵を描きました。でも、地図を描くのは初めてです」

と、全盲生は準備を始めた。

「それでは東西南北はわかりますか？　地図だと上が北になっていますが」

「教室では窓側が南だよね」

芳樹の感覚は人一倍鋭敏だった。寄宿舎から追分の商店街に買い物に行くからなのか、作図も確実に描かれていた。

「周辺の道やお店の形を思い通りに線で入れてくださいね」

幸弘と勇は床に模造紙を広げて、マジックインキで地図を描き始めた。

「周りにはろう学校や共済病院、追分の商店がある。それと横浜ゴムも」

幸弘が、周囲の状況を一番よく認識していた。

が、紙やレーズライターで描く図は、どんなにがんばっても現実に存在する平面とはまったくかけ離れている。ましてやそこには、三次元の世界が展開しているのだ。

「明日は学校周辺を、体で確かめながら歩きましょう。五年間通い慣れた道だから、しっかりと頭に入っていると思うけど。

自力歩行は、頭に地図が描けるかどうかが決め手になるそうです。高等部の赤羽先生から聞いた話なんだけどね。自力歩行は自立への第一歩だって」

漫然と歩くのではなく、意識して歩く大切さを亜以子は強調した。

しかし次の日はあいにくの雨で、外歩きは中止になった。

「良かった。先生、私たち、雨の中を歩くのはとても不安なんです。雨の音で他の音が聞こえないから。こんな時は、目が見えないとちょっと不便です」

珍しく千沙が弱音を漏らした。

「僕たちがいつでも誘導するから大丈夫。盲弱ペアは最強だから。そうだよな、勇君」

長い年月、時間をともに過ごしているからこそ、口を衝いて出る言葉なのだろう。幸弘は、任せなさいと言わんばかりの表情を見せた。

亜以子は校外歩行に代わり、彼らがとりわけ興味を持っていたヘレン・ケラーの伝記を読み聞かせた。

ヘレンは三回来日しており、日本の身体障害者福祉法の制定に甚大な貢献をした。初来日の昭和十二年と、二十三年の二度にわたり平塚に立ち寄っている。

戦後の来日の折には、盲学校の生徒や平塚自動車部品製作所（旧平塚傷兵工場）の代表が出迎えた平塚市役所前の国道で車を止め、車外へ降り立った。生徒と工員代表が花束を贈ると、ヘレンはそれに頬ずりしながら手を差し伸べ、盲聾唖の子どもたちと限りない握手を交わしたのだった。

生後一歳半で高熱により見る、聞く、話すの三つの力を失いながらそれを克服し、障がい者の福祉向上のため一生を捧げたヘレンを彼らは心から尊敬していた。

特にサリバン先生との出会いによって、六歳で「ＷＡＴＥＲ」という言葉を理解したエピソードには、拍手が起こった。

「生きることは発見ですな」

幸弘が悟ったように呟く。

「ぼくたち、まだ先が長いからたくさん発見できるかもしれない」

「そうなったら楽しいね。目の代わりになるものを、いろいろ発見できたら嬉しいかも」

「努力をすれば成し遂げられるとヘレン・ケラーは言っているしね」

「『見えないことは不便だけど不幸ではない』も心に響く言葉です」

「ヘレン・ケラーのように一生懸命生きていきましょう」

五人がそれぞれに意見を述べ、もはや亜以子の出る幕はなかった。常に耳から大人社会の情報を得ているせいか、大人びた一面もあった。

風薫る五月となり、待ちに待った修学旅行を迎えた。引率は亜以子、部主任と来年に備え五年生担任、それに児童五人の小さな編成だった。

初めて乗った新幹線に彼らは興奮していた。座席を回転させて六人が向かい合って座った。東海道新幹線は昭和三十九年十月一日、東京オリンピック開催に合わせ開通した。東京―大阪間を三時間で結ぶ構想で「夢の超特急」と呼ばれた。

開通当時の本校ＰＴＡ会長と石田国鉄総裁の縁で、その直前に全校生の新幹線試乗体験が実現した。全盲生は窓ガラスや座席を撫で回してはしゃぎ、時速二百キロ以上のスピードを体感したようだ。

五人も同じように全身で乗り心地を確かめていた。特に芳樹は、鉄橋を渡る時は音が変わる、トンネルに入るとまた違う音だ、と敏感に反応した。

約一時間の新幹線の旅は、景色は見えなくても音やスピードを体感でき、満足感をもたらした。

ロープウェーで日本平へ、久能山東照宮にて参拝、石垣いちごの石積みの様子、はたまた竪穴式住居や高床式倉庫のネズミ返しを触って古代人の知恵を学んだ。もちろん次郎長の眠る梅蔭禅寺も訪れた。ひときわ大きな墓は『侠』の文字が刻まれ、幾つかの小さな墓石に囲まれていた。

「『きょう』ってどんな字?」

と、千沙が聞いた。

「うーん、漢字を説明するのは難しいな。指で背中に書いてあげるよ。人偏がつくんだ。強きをくじき弱きを助ける人のことをいうんだ」

「みんなで次郎長のことといろいろ調べて面白かったね。やくざとか博打とか、知らない言葉も勉強できたし」

それぞれが見聞を深めた一泊二日だった。

六月には追分地下道の開通式があり、プール開き、そして夏休みと季節は移り過ぎた。

亜以子が教員になって二度目の夏は、帰省は見送り同僚との山登りを楽しんだ。

夏休み明けから、体育の日に開催される体育祭の練習が始まった。体育祭は教職員を含め全児童、生徒が紅白に分かれ勝敗を競う学校を挙げての一大行事だった。

工夫を凝らした学部種目、盲弱ペアの競技、学部を乗り越え交流し合うフォークダンスや応援合戦など、演目は多岐にわたった。中でも圧巻は小、中、高の生徒と教職員から選抜された選手代表による紅白円周リレーだった。

運動場に紅用、白用二か所のスペースを確保し、中央にくさびを打ち二本のワイヤーロープの一方の端を固定する。中心から約八メートルのロープの先にある鉄の輪を持って、円周を全速力で一周する。リレーの場合、次の走者はもう一本のロープを持って少し先のゾーンで待機。審判の背中へのタッチがバトン代わりだ。選手は全員アイマスクをつけ高等部生からは二周する。

小学部紅組代表は芳樹と千沙、白組代表は勇と明乃だった。

練習では勇が何度も転びそうになった。アイマスクをつけて走ると、感覚がわからなくなって怖いと訴えた。

「目が見えてるとこういう時は不便だね」

と、芳樹が飄々と言ってのけた。勇は悪びれた様子もなく

「確かに」

とうなずいた。

「ロープを強く引っ張りすぎたり、かといって緩めすぎるのも足が絡む。何度も練習してこつをつかむといいよ」

勉強では遅れを取る勇にとって、体育祭での活躍は一年に一度あるかないかの見せ場だった。

当日は朝から快晴で、まさに体育祭日和だった。家族は総出で応援に駆けつけ、大層なにぎわいを見せた。

開会宣言の後、本校教諭の作詞作曲による応援歌の歌声が空にこだました。

運動場は児童生徒の演技や競技で活気に満ち、歓声に包まれた。紅白の得点は拮抗していた。

太陽が西に傾き始め、いよいよ最終種目の円周リレーとなった。

スタートのピストルが鳴った。一番走者の千沙と明乃が互角の走りで二番手に後を任せた。

芳樹と勇の決戦の幕が開いた。円周の半分まで芳樹がリードしたものの、勇が走りのこつをつかみ追い上げた。そして、体一つぶん早く次に繋ぎ、白組はアンカーがそのまま逃げ切って勝った。

負けず嫌いの芳樹はしばらく誰とも口を利かなかった。

「敵に塩を送ってしまった、とでも思ってるのかな？」

幸弘が上杉謙信の故事を引き合いに出すと、すぐさま勇が、

「芳樹君、ありがとう。転ばずに走れたよ」

と近寄った。芳樹は自分の力が足りずただ悔しかった、と少し涙声で呟いた。

授業で、行事で、さまざまな時間で喜怒哀楽をともにしながら、一日一日が過ぎていった。

それは別れが近づくことでもあった。

三学期は卒業文集作りに力を注いだ。六年間の思い出が子どもたちの口から次から次へと飛び出した。一年生から順次受け持った先生の声の特徴や、癖など遠い記憶も鮮明に覚えていた。

彼らが過ごした四十年代の前半は校舎の改築工事が着工され、落成していた。寄宿舎の男子寮、プールの落成や追分地下道の完成もあった。

静かに振り返ってみると、幾つもの思い出が走馬灯のように駆け巡った。

今でも忘れられないのは、「担任してからあっという間に一年が経ってしまった」と亜以子が感慨深く吐いた言葉に、

「先生、それじゃあ一周年のパーティーをやろうよ」

と芳樹と幸弘が応え、男子寮の一室で祝賀会を開いてくれたことだった。女子が祝賀会らしく、ハート型のパンを用意してくれた。

「パンにナイフを入れてください」

と勇に促され刃を入れたものの、涙でぼやけて均一に切れなかったことや、

「授業中私たちがふざけた時、『この瞬間は二度と戻ってこない。だから、今を大切にしなけ

ればいけない』と先生に言われました。今でもよく覚えています」

と、千沙が突然立ち上がって叫んだ姿が脳裏に浮かんだ。

真新しい校舎の歓迎を受け、教員としての第一歩を刻んだ平塚盲学校で、亜以子は彼らと出会い一緒に学び、遊び、歌い、感じ夢中で過ごしてきた。一緒に笑い、泣き、悲しみ、怒り刺激し合ってきた。

小学部で共有した年月は、ほんのわずかな点にすぎない。けれど、盲学校の歴史を未来に繋げる大切な一時期を、ともに過ごしたのだった。

四　創立七十周年

亜以子が新採用として平塚盲学校に着任して十年が過ぎ、昭和五十五年を迎えた。

結婚して姓が変わり、母親にもなって多忙な毎日だったけれど、教員を辞めるという気持ちはまったくなかった。

この年、盲学校は創立七十周年となっていたが、県から特殊教育研究推進校に指定されたため、記念行事は翌年に持ち越された。

五十六年、実行委員会が組織され式典を挙行するとともに、それまでの歩みを収録した記念誌を発行する運びとなった。

記念誌作成に当たっては各学部から編集委員が選ばれ、亜以子は小学部から選出された。

企画の一つとして、在職二十年以上の職員が思い出を語り合う座談会が開かれることになった。

盲学校に在職しすでに十年が経つというのに、過去の歴史をほとんど知らずに来てしまった。沿革を知るまたとないチャンスと、亜以子の胸は弾んでいた。

初夏を思わせるような五月下旬、各部署の代表が応接室に集まった。

司会は高等部の理療科で鍼灸や按摩などを指導する全盲の青木だった。教員歴が三十年になる青木は穏やかで、人望の厚い先生だった。

座談の口切りは、太平洋戦争後の平塚盲学校の状況についてだった。

戦前、追分周辺には広大な敷地を持つ第二海軍火薬廠（以下火薬廠）があり、戦争末期の七月十六日深夜から平塚の中心部はアメリカ軍による空襲を受けた。四十四万余の焼夷弾が空から雨のように降り、駅周辺は焼け野原となったとの記録がある。幸い盲学校は罹災を免れた。

戦後三年目の昭和二十五年に第一期工事が始まり、現地点（平塚市追分）に校舎の東側半分が完成し新築移転した。

その年に事務員として採用され、のちに教員となった三沢が口火を切った。

「移転までは江南高校の寄宿舎を改造した校舎に盲学校、ろう学校が同居していました。十一月に移転しましたが、全校舎が完成するまで約三年間かかったんです。東西に長い二階建ての木造校舎が二棟でき、南棟を中館、北棟を本館と呼んでいて、両館を渡り廊下で繋いでいました。

当時は財政が非常に乏しく、来客があっても弁当が取れないわけです。ですから、家から米を持ってきて学校で炊いて、おかず屋からコロッケを買って出したこともあります。大変な時期でした」

生徒の様子については理療科代表の越水が
「当時は中学部にまだ職業という科目がありましてね。一年から按摩をやりました。つまり、高等部の職業科に進んでも困らないようにという配慮からなんでしょうけれど。

ですが、中一ですし戦争中に育った子どもたちですから、体も小さく力もありません。『力を出さなかったら揉めないんだ』と、先生方は夏の暑い中でも軍服を着て、汗をダラダラ流しながら『この上から揉め』と指導されていました。今では考えられない授業だったですね」

寄宿舎生活については代表の寮母が、

「その頃、六名の寮母と舎生が七十五、六人いましたが、お釜と大きな鍋が一つだけで煮炊きをして賄っていました。しかも、米が配給の時代でしたから、よくやってきたと思います。物もなかった時代ですから、靴下の破れを継ぐのは当たり前。布団などは綿を洗って打ち直して何度も使いました。

でも、家族が一生懸命だったから、私たちもがんばってこられたのだと思います」

亜以子は記録を取りながら、戦争前後を生き抜き、盲教育に携わってきた前人の苦労を今さらながら思い知らされた。

昭和三十年代に話が及ぶと、当時の活気溢れる様子に座談の場が和んだ。

「体育館兼講堂が三十三年にできましたが、当時としては最大の規模でした。翌年にはプールが落成しました。といっても横が六メートル、縦が十二メートル、水深が深いところで六十五センチ。プールというより防火用の設備だったんですね。

それまでは、平塚海岸とか、袖ヶ浜の市営プールまで歩いて泳ぎに行っていたわけですから、防火用とはいえ生徒たちにとって非常に大きな喜びでした」

「海にも行きましたが、『海水浴は初めて』という舎生が多く、その前日は嬉しくて、なかなか寝てくれませんでしたよ」

と、寮母が懐かしそうに口を挟んだ。司会の青木の脳裏にも、思い出が駆け巡っているようだった。

「どこへ行くにも徒歩でしたね。高麗山、江の島と強行軍の徒歩遠足が結構多かったです。富士登山や白樺湖、富士五湖でのキャンプもありました。この頃は今のスクールキャンプのように指導形式の整ったものではなく、生徒たちが自由にプランづくりに参加して実施されていましたね。

ところで、文芸活動はいかがでしたか」

「文化的な活動では、文芸部が文集を発行し、校内美化活動、茶道や華道、演劇など広範な活動を行っていました。

三十七年に全国盲学校放送劇コンクールで第一位を取った時は、大変な喜びでしたね。一学期間、夜九時ごろまで生徒を残し練習に明け暮れる毎日でした。通学生の親御さんから苦情が来たので、僕が『やめよう』と音を上げても生徒の方が『まだまだ』といって聞かなかったんですよ」

これがきっかけとなり、演劇部は優勝や準優勝を幾度も獲得したと、顧問で高等部普通科に所属する川原が少し誇らしげに語った。生徒の熱気が伝わってきた。

まだ物資が不足し苦しい時代だったにもかかわらず、生徒たちはのびのびと、生き生きとさまざまな活動を繰り広げ、学校生活を謳歌していた。

「ですが、冬場は苦労しました。今のスチームのような暖房装置がなくて、教室には大きな火鉢があっただけですから。手がかじかんで、点字が思うように読めませんでした」

全盲の越水ならではの体験談だった。

「三十年代はボランティア組織が誕生しましたね」

青木が続けて越水に水を向けた。

「その頃、国立箱根診療所に入院されていた三浦惇一郎さんと江里口清俊さんが、盲学校からの委嘱を受け新刊図書など熱心に点訳してくださいました。寝たきりの方だったので胸の上に点字盤を置き、書見台に原本を載せて点訳してくださったと聞いています。

このお二人の厚意が礎となって点訳活動が広がっていきましたが、点訳者の皆さんは初めのうちは『点訳のしおり』というガイドブックを参考にして個人で取り組まれていたんです。昭和三十七年の文化祭に、『日頃のお礼に』と皆さんを招待しました。そこでお互いを知ることができ、『これだけの仲間がいるなら会をつくろう』と話が出たのが結成のきっかけとなったわけです。翌年、平塚点訳奉仕会として発足しました。

会長は盲学校の近くにお住まいの池田泰俊さんです。会社の同僚から本校生徒を紹介され、点字と出会ったそうです。点字本が少ししかないと知り、役に立ちたいと始めてくださった。

そして、青木先生がボランティアとのパイプ役となって、図書室を拠点に活動が行われました。

会員数は百人を超し、点訳だけでなく録音図書や拡大図書の作成など本校の児童・生徒のために多大な貢献をしていただいています。

昭和五十年の九月に平塚市福祉会館ができたのを機に今は拠点をそちらに移しましたが、その後も皆さん熱心に活動を続けています。本当にありがたいことです」

活気に満ちた三十年代から、高度経済成長を実感した四十年代へと時代が移った。

「現校舎の落成前後に話を移したいと思います」

司会の青木に促され、三沢が十年余にわたる変遷を説明した。

「四十三年に鉄筋コンクリート造の本館が落成しました。中廊下式の三階建て校舎は県立校のはしりで、各方面から視察に来られた。

研究授業の助言者で来校した指導主事が『この学校の廊下にはリズムがある』とおっしゃった。要するに広いし、明るいし、体全体で歩く楽しさを感じるということなんでしょうねぇ。

その後、寄宿舎男子寮、プール、と立て続けに生まれ変わりました。県の財政が豊かだった時で、時期的に恵まれていました。

プールは防火用水用だったのとは全く別物で、二十五メートルで四コースあります。夏の関盲体連（関東地区盲学校体育連盟）の水泳大会では本校が一番使いやすいと評価されています。競技しやすい規模なんです」

小学部を代表し、亜以子が水泳指導の現状を述べた。

「プールが完成してから、小学部では水泳に力を入れてきました。児童の中には水に対して見えないための怖さが多分にあります。水に慣れ、楽しく泳ぐ『ドル平泳法』を取り入れ指導をしたところ、全然泳げなかった子どもが百メートル以上泳げるようになり、成果を上げています。その泳ぎぶりを見ていた母親がびっくりしていたと聞いています」

「学校で水泳指導が始まると、寄宿舎のお風呂で泳いだりして、とても楽しそうでした」

寮母が目を細めて亜以子を見詰めた。続いて、青木が話題を転じた。

「学校周辺や最寄り駅の安全対策も力を入れてきましたね」

「一番大きなことは、追分交差点に地下道が完成したことです。

県が地下道を開設したのは初めてで、しかもモデル地下道を目指していたものだから、注目を集めました。壁は明るく、中央に噴水池があり、地下公園さながらの風情でね。夏は噴水が出て、涼しげでした。

スロープ歩道、点字ブロック、点字タイルがつけられ歩行の安全性が確保されました」

川原の発言を受け越水が、

「平塚駅も四十八年に駅ビルに改修されましたが、視覚障がい者のために安全設備が施されました。プラットホームに点字ブロックを敷いてもらえたのは、画期的な出来事といえますね。いろいろな機会に他の駅に降り立ちますが、やはり平塚駅に着くとホッとします」

「いよいよ座談会も大詰めを迎えました。最後に盲学校の問題点や今後の課題について語っていただきましょう」

盲学校の全容を川原が語った。

「障がい児の早期教育という観点から、四十五年に幼稚部が設置されました。一方、児童・生徒の多様化、重複化が進み従来の普通教育に準ずるという教科の枠にとらわれた教育過程では、対応が難しい状況がうまれてきました。

高等部は四十八年の新教育課程で、普通科が設置されました。これまで盲人の職業といえば按摩、鍼、灸などに限られてきましたが、これからは大学進学も可能になり、新しい職業への道も開かれていくことになります。すでに電話交換手やプログラマーの道を選んだ生徒もいます」

「閉鎖された環境での障がい児教育ではなく、自立した社会人を目指し、幼少期からより広い世界へ目を向け、さまざまな経験を積んでいくことが大切になりますね」

亜以子は、文部省の指定を受けて始まった交流について述べた。

「小学部では、寄宿舎生と地区子ども会とがハイキングや水泳などをして交流をしています。五十四年には崇善小学校と交流が始まりました」

「交流については社会の関心も広まってきていますね。大事に育てていく必要があると思います。

今後は目まぐるしく変化する社会への対応と、重複障がい児や中途失明者に対して、どう取り組むかが大きな課題ですね。

本校が今日七十周年を迎えられたのは、頌徳碑《しょうとくひ》の碑文にも書かれておりますが、創立者秋山博先生の並々ならぬ努力や、多くの支援があったればこそ、です。

新しい時代の流れを感じる今、この時が今後の盲教育発展の起点となるよう願って、座談会を閉じたいと思います」

半日にわたる座談会が終わった後、参加者は校舎の前庭に出た。見上げるほど高い一本の松の木が、針葉をつけ凛として立っている。空は五月としては不釣り合いな輝きを見せていた。

「右手に頌徳碑がありますね」

と、青木が手を差し出しその方向を示した。ツツジの木で囲まれた築山の中央に、文字が刻まれた黒御影の大きな石碑があった。

着任以来ずっと気になっていたその碑を、亜以子はしみじみと眺めた。

碑文は仮名交じり文で書かれ、句読点がなく読みにくかったが、創立に関わったと思われるたくさんの人名が刻まれていた。

「本校の出発点となる盲人学校を創立した功労者を千古に伝えようと、篤志家によって昭和十三年に建てられました」

青木の説明に、亜以子は校長室に掲げられた額写真の初代校主秋山博を思い浮かべた。笑みを浮かべたふくよかな顔は、亜以子を彼の人生へと手繰り寄せた。

第二章　平塚盲学校の沿革

一　創立者　秋山博翁

江戸期の平塚は、東海道五十三次の七番目の宿場町として栄えていた。しかし、変革のうねりの中で明治維新が起こり、社会は大きく転換した。近代化に向けて新政府はさまざまな政策を推し進めた。明治四年には廃藩置県が行われ、三府七十二県が誕生した。平塚宿は足柄県に属した。

その後、神奈川県に編入され、二十二年の町村制施行によって大住郡平塚町と称した。この頃の町域は元平塚宿周辺だけで、東に須馬村、北から西には岡崎村や金目村などがあり、十村に囲まれていた。

村域には、大山山系から相模野を縦横に幾筋もの河川が流れ、豊かな水田地帯が広がっていた。

鈴川や金目川の流域は、夏にはすっくと伸びた緑の稲が風にそよぎ、秋には黄金色に実った稲穂が頭を垂れる穀倉地帯だった。

川沿いの道は大山へ詣でる人々が行き交う道でもある。大住郡矢崎村（後に岡崎村）はそこから少し奥まった台地に集落があり、その一角に秋山家はあった。

秋山家は、村では自給自足の小農家ではあったが、不自由のない暮らしを営んでいた。

その跡取りとして平蔵と、き奈との間に生まれた善太郎（後に博と改名）は百姓仕事に精を出し、農家の重要な働き手に成長していた。

力仕事を任されるようになった十三歳の頃、善太郎は田の草取りが終わって家に帰り着くなり、崩れ落ちるように上がりかまちにしゃがみ込んだ。

「どうした？」

驚いたき奈は駆け寄って、額に手を当てた。異常なほど熱かった。ただごとではない事態に平蔵は医者を呼びに走った。

駆けつけた医者の見立ては、

「このところ、この辺でも見かける疱瘡ですな。まだ二、三日は高熱が続くから、よくよく気をつけるように」

明治初期、疱瘡と言われていた天然痘は感染力が強く、四人に一人は死に至る病として恐れられていた。

善太郎も高熱が続いた後、全身に発疹が現れ予断を許さない状況にあった。

「どうか、どうか命だけは……」

平蔵とき奈は神仏に祈りながら、献身的な看病を続けた。やがて熱が下がり善太郎は幸いにも一命を取り止めたが、光を取り戻すことはできなかった。

「何も見えん。昼も夜も真っ暗だ。いっそ死んだ方が良かった」

いきなり襲った禍《わざわい》を、善太郎は受け入れることができなかった。誰とも口を利かず家に閉じこもり、数日間が過ぎた。

善太郎の目が見えなくなったことは、またたく間に村中に広まった。寺子屋で机を並べた同輩は、

「この先どうすんだろ。見えなきゃ何もできないだろうし」

「それこそ、お先真っ暗だな」

と囁き合った。口さがない取り沙汰は、き奈の耳にも届いた。

「早く気づいていればこんなことには……。許しておくれね」

善太郎は、責め苦しんでいる母親の気持ちを思い至らなかった自分を悔いた。秋山家の嫡男としてどうすべきか、どう生きるべきかを考えなければ、と思った。もはや農家の跡取りとしての道は閉ざされたのだ、と言い聞かせるしかなかった。

元服を迎える年齢になっていた善太郎は、

（目が見えなくても、できることはきっとある。自立して生きていこう）と決心した。そして考え抜いた末、家督相続権を放棄し、中郡金目村南金目（現平塚市南金目）の鍼医、與野竹次郎に弟子入りを決意した。

き奈は独り立ちして家を出る息子が不憫でたまらなかったが、平蔵は、

「憐れむことは決して善太郎のためにはならん。親に頼らず生きていくには、手に職をつけるのが一番だと決めたんだ。あの子は意思が強い。きっと一人前の鍼医になるぞ」

と言い聞かせた。

南金目の與野宅まで一里ほどの道のりを、母親は涙を拭きながら息子の手を引いて送り届けた。

鍼医学は六世紀頃に中国から伝わったといわれている。江戸時代に盲人の鍼師杉山和一が徳川綱吉の庇護を受けたことで、盲人の職業として確立していた。とはいえ、徒弟制度の時代ゆえに師匠と弟子の上下関係は厳しく、技術の習得以前に日常的な雑事をこなさなければならなかった。

にわかに盲目となった善太郎は、空間の感覚がなかなかつかめなかった。杖を頼りに歩数で距離の見当をつけても、物につまずいたりぶつかったりは日常茶飯事。やることなすこと何かにつけて満足にできなかった。

師匠の與野は、治療先に善太郎を同伴させることも多々あったが、そこここで、

「お前くらい勘の悪いものは、この世にいないぞ」

と、叱りつけた。自分自身の勘の悪さを翻すには努力しかないと、善太郎はこの時悟った。弱音を吐かず、歯を食いしばりながら三年半修業を積んだ。師匠も舌を巻くほどの精進ぶりだった。

その後、四年間、血の出るような実地修行に励んで鍼治療業免許を得、明治十六年、若干二十歳の時に金目村南金目で開業に至った。失明して七年の月日が流れていた。

（ついにやったぞ。やっと一人前の鍼医になれた）

金目は大山の南西にある春嶽山《はるたけやま》の斜面から端を発する、金目川の沿岸に広がる農村地帯だ。秦野街道から観音橋を渡ると金目観音で知られる光明寺がある。東海道筋の平塚宿ほどのにぎわいはなかったが、数軒の宿屋があり、遠方からの参詣客に利用されていた。

その寺の東向かいに、秋山善太郎は治療院を開いた。村民の他にも患者が見込める申しぶんのない場所だった。

しかし、いざ開業したものの、患者がまったく来ない日が続き、順風満帆の船出とはいかなかった。鍼灸治療普及の一翼を担いたいという秋山の意気込みは、しぼみかけていた。

見かねた師匠が、時折患者を差し向けて励ました。

「焦ることはない。腕に覚えがあれば、必ず患者は来てくれる。時間があれば精進することだ」

しばらくしたある日、

「稲刈りで腰を痛めてしまった。家で二、三日臥せっていたが良くならない。少し歩けるようになったんで、鍼が効くと聞いて来てみたんだが、痛くはないのかね」

と一人の農夫が訪れた。秋山の頭の上からしわがれた声が届き、背の高い男だとわかった。忙しさにかまけ、季節の移ろいを忘れていた。いつの間にか実りの時期になっていたのだ。

（そういえばこの時期、父親もよく腰が痛いと言っていたな）と、今は見ることのできない黄金色の田んぼを思い浮かべた。

「鍼と言っても縫針とは全く違うもので、細くてしなやかだから何の心配もありません。こちらへどうぞ」

秋山は農夫の緊張した肌を満遍なく触った。思ったよりも身体つきは若かった。

施術しているうちに、腰の痛みから解放されたのか、農夫の軽い寝息が聞こえてきた。知らない間に治療が終わり目覚めた農夫は感激の面持ちで、礼を述べた。

一週間ほどして農夫が妻を連れ、再び治療院を訪れた。妻は肩に痛みがあり、右手が上まで伸びないという。鍼医として丁寧に向き合い、患部の緊張をほぐしていった。

「うちの人に言われてこわごわ来てみたんだけど、思っていたのと大違いだった。おかげさんで痛みが和らいだわ」

と、妻は上ずった声で礼を述べた。

その後は、三人、四人と客足が伸び、三か月も経つと順番待ちをする人の姿も見受けられるようになった。

何とか自分の稼ぎで食べていけると思い始めた頃、隣村の野川弥兵衛の三女テツとの縁談が持ち上がった。

対面した時、秋山はテツの優しいおっとりした声が心に響いた。三歳年下のテツは秋山の一回り大きな手と、見えなくても一生懸命に一点を見つめる姿に心を惹かれた。（この人と一緒になろう）と決めた。

開業の翌年二人は所帯を持ち、のちのち五人の子どもをもうけた。金目は家族の出発点となった。

テツはかいがいしく働いた。施療に役立つことは進んで協力した。

これまで苦労を重ねてきたが、やっと人並みの生活を手に入れることができた。だが、これはほんの起点にすぎないのだと秋山は思った。今後は人間としても施術者としてもますます己を磨いていかなければならない、と気持ちを新たにしていた。

そんな折、近所に住む森照吉が研究熱心な秋山に一目置き、助けになろうと治療院を訪れた。

森は秋山より十歳年下でありながら小学校を卒業すると、同志とともに学費を出し合って裁縫を主とする女子講習会を始めた人物だった。中郡各地の遺跡の発見や発掘に努め、俳句や華

道にも長じていた森は、

「今日はどの本を読もうか?」

と、西洋医学書や一般書物を読み聞かせに毎日訪れた。

この頃、日本で点字はまだ開発されておらず、知識を得るには彼の厚意に頼るしか術がなかった。秋山は施術だけでなく、勉学にも努力を惜しまず励んだのだった。

自分自身の研鑽を積む一方で、後輩鍼灸師らの指導にも当たった。

ところが、驚くことに彼らの技術は未熟な上、医学的な知識もほとんどなかった。鍼灸の基本である経絡や経穴でさえ、よく理解していない。

(このままだと鍼灸が盲人の職業として認められなくなるかもしれない)

後輩を立派な鍼医にするためには何らかの手立てを考えなければならない、と苦慮する日々を過ごすようになった。

思い余った秋山は同業の大久保惣太郎、荒井清心、柳川藤五郎に日頃の苦悩を打ち明けた。お互いに切磋琢磨する仲間だった。

「近頃の後輩たちの治療法を見るに、患者の身体全体を見ようとせずに、痛がる部分だけ鍼をやって治した気になっている。

経絡に沿った理論的な裏づけがないからでは、と気になっている。こんなことでは、鍼医としての信用がなくなってしまうだろう。改善の手立てはないものだろうか?」

秋山の苦悩を酌んで、

「学術を専門的に教える先生に来てもらったらどうだろうか?」

「その先生を呼んで教授してもらい、実地の技術はわれわれが分担して指導するというやり方はいかがか?」

と、大久保や荒井は思いの丈をぶつけた。

「それならば、定期的に開く必要がある」

「まずは先生を当たり、可能なら月に一回講習会を開こうではないか」

「適任者に心当たりは?」

「東京に佐藤利信という先生がいる。鍼灸師用に本を出しているそうだ」

柳川が即座に提案した。

四人は時間が経つのも忘れ意見を述べ合った。実現に向けて一番の問題は、費用の捻出だった。

「先生の謝礼や会場費など、相当なお金がかかる。われらにはそんな蓄えはないぞ」

名案は浮かばなかった。

「金目村の村長に相談してみよう」

秋山の結論に三人が賛同し散会となった。

町村制が施行された明治二十二年、金目村村長に就任したのは猪俣道之輔だった。

金目川土手のツクシやタンポポが春を告げる頃、秋山らは観音堂の西にある金目村役場を訪れた。

八歳年長の猪俣は、少年の頃から鍼の修業に励む秋山を見知っていた。開業した後も、鍼医として一生懸命に力を尽くすさまを聞き及んでいた。

「われらは盲人の鍼灸技術向上のために、講習会を開きたいと考えております。しかしながら微力なゆえに、資金が足りません。どうか、援助をお願いしたい。村長さんのお力を貸していただきたい」

この時代の鍼灸業は雑業の一つと捉えられ、医学としての社会的認識は低かった。だからこそ、その業に携わる盲人は施術医としての自覚をしてほしい。そのために技術向上と進歩改良を目指す講習の場を開設したいのだと切願した。

猪俣は秋山の熱誠なる精神に感動し、

「わかりました。大住郡内に呼びかけて広く寄付を募りましょう。できる限り援助しますよ」

と、手を握りしめ約諾した。

二十二年は、テツとの間に長男の勝が誕生した年でもあった。待ちに待った子どもの誕生だったが、家庭を顧みる時間は到底持てず、秋山は同輩三人と精力的に準備に奔走した。猪俣も約束通り、郡内町村長や慈善家からの寄付金集めに邁進した。

その甲斐があり、思い描いていた鍼灸按摩講習会が組織され、その年の十月から月一回の開催が実現したのだった。会場は観音堂や金目教会堂を借りた。

生理や解剖などの学科は東京から招いた佐藤利信講師に依頼し、技術面は秋山が担当すると決め、着々と進んだ。資質の向上を目指した指導が行われた。

盲人が積極的に外へ出られる時代ではなかったが、秋山の評判を聞きつけた受講者が日に日に増えていった。

人体骨格経穴木造人形や、人体解剖模型なるキンストレーキなど講義に必要な備品は高価であっても買いそろえた。

しかし、講習会の運営には、予想以上の人手も必要で、多大な費用がかかった。

「少しでも足しになれば……」

と、秋山は蓄えた幾ばくかのお金を回した。

窮状を知り、猪俣道之輔をはじめとする金目村の有志が多額の寄付を助成した。

東京から招聘した佐藤講師が職を辞した後は、医師の白木啓や比企喜代助が講習を受け持ち、無給で会を支えた。

秋山の名鍼医ぶりは近隣地域には轟いていたが、遠く国外にまでその名を知らしめたのは、作家の村井弦斎である。

明治三十年代の半ばを過ぎた頃、村井弦斎は結婚後、大磯から平塚に移り住んだ。弦斎が発表した小説『食道楽《くいどうらく》』がベストセラーとなり、印税で平塚の南側に広大な敷地を手に入れたからだ。大隈重信らの名士を血脈に持つ妻は西洋料理に博識で、弦斎の小説に書かれる料理を考えたり作ったりと、その著述に一役買っていた。

二人は六人の子女に恵まれ、不足のない生活を送っていた。ところが四歳になった三男が感冒を患い、その後遺症で一時歩行が困難となり、右脚が片方より五分ほど短く細くなった。平生懇意にする医師や、東京へ連れていき大学の名医に診せたが、原因不明と言われ治療の術が見つからなかった。

そんな折、弦斎は金目村に腕の良い鍼医がいると聞きつけ、藁をもすがる思いで来診を求めた。秋山は多忙の身ながら平塚まで出向き、三男の身体を丁寧に検査すると

「これは脊髄麻痺からきたのでしょう。効があるかどうかわからないが、一つ鍼を打ってみましょう」

と、腰から脚へ鍼を打ち始めた。

四歳の子どものことだから痛がるに違いないと、ひやひやしながら様子を見守っていた弦斎

の心配をよそに、良い心持ちになったのかすやすやと眠ってしまった。

その夜、湯たんぽを入れないのにホカホカと温かくなっていた三男の右脚を触り、弦斎は鍼の効果に驚いた。その後の治療は門人が行ったが、脚の悪いのが少しも目につかなくなるほどめきめきと回復したのである。

さらに弦斎を驚かせたのは背中の痛みを訴える妻の病名を、撫でただけで言い当てたことだった。

「名のある医者でもわからなかったのに」

と、秋山の確かな触診に舌を巻いた。

弦斎自身も治療を受け、秋山の平生を見聞するうちに、人を助けたいという献身的な志を持つ篤志の人物だと敬服した。

そう言わしめたのは治術料を廉価にするだけでなく、遠国から来る患者のために古い旅館を買い取り、わずか三十銭で宿泊させるようにしたからである。

弦斎は『をりをり草』（雑誌『婦人世界』）と題した随筆で、「秋山博という鍼医は相模の国の隠君子で、高潔な人格の持ち主だ」と紹介すると人々の関心を引き、その名は朝鮮や満州など国外にまで知れ渡っていった。

秋山は毎朝五時から治療を始め、夜の十時過ぎまで続ける日もあった。多忙な時は深夜にまで及んだ。坐骨神経痛や神経痛、胃腸病などに効果があったといわれ、治療を求めて金目の宿場は大勢の人でにぎわった。

「観音様にお参りして、鍼をしてもらって腰が伸び、極楽浄土ですわ」

と治療を終えた患者の弾んだ声が、今もその時代の隙間から聞こえてくるようだ。

のちに、秋山が私立盲人学校を設立すると、弦斎は有志とともに大磯劇場で慈善大演芸会を開き、収益金の全額を寄付するなど協力を惜しまなかった。

名鍼医として高名を得ていた秋山だったから、その教えを請おうと各地から鍼灸師たちも集まってきた。弟子を志望する者も少なくなかった。

それにより、明治三十三年には鍼灸家の技術向上はもちろんのこと、風紀の是正を目的として鍼灸按摩組合を設立した。秋山は推されて組合長になり、大磯や伊勢原に支部を設立した。会員は二百名を超え、多忙を極めていた。

テツは仕事に打ち込む夫の身体を気遣いながら、子育てに明け暮れる毎日だった。そんな中、病気で臥せていた次男の環が六歳で亡くなるという不幸に襲われた。

「父さんは、環よりも仕事の方が大事だったんだろ」

勝は父に思いの丈をぶつけた。勝はいつの間にか「兄ちゃん、兄ちゃん」と慕ってくれた弟の父親代わりになっていたのだ。

勝の言葉が胸を突き刺した。秋山は父親として、夫として家庭を顧みる余裕もなかった自分を悔やんだ。（医者なのになぜ気づけなかった）と、自分を責め続けた。小さな亡骸を幾度も撫でた。

日数が経つほど、悲しみは深まった。打ちひしがれる夫にテツは、

「あなたは自分の思いどおりに仕事をやり遂げてください。このことであなたが挫《くじ》けてしまったら、今までの苦労が水の泡になってしまう。一人でも多くの盲人が独り立ちして生きられるように、あなたが道筋をつけていく。それが亡くなった環への供養になりますから。勝もきっとわかってくれます」

と、涙ながらに訴えた。

テツの支えで、何とか次男の死を乗り越えた秋山は、再び仕事に向き合った。

そして、四十三歳の時、意を決し得度して善太郎から博と改名した。「博」は、田畑に広く苗を植える情景を表現している。自分が目指す鍼灸の技術向上への道が、定植後の稲苗のように、幾筋も広がってほしいとの思いを込めたのかもしれない。

講習会を始めてから二十年になろうとする頃、

「月にたった一回の講習会だけでは、思うほど満足な技術や教養を与えられない。今後、この道に進もうとする盲者に対して教育的施設がないのは、残念で仕方がない」

と、秋山は白木啓、比企喜代助に学校設立の望みを打ち明けた。

「同感です」

長年、講習会で講師を務め秋山を支えてきた二人は即座に応答した。

しかし、具体的な手立てを考えつかなかった。秋山は、真っ暗な部屋で物思いに耽《ふけ》った。毎晩ブツブツと呟く声が、まるで念仏のようにテツの耳に届いていた。

そんな秋山に対し、講習会継続のための寄付金の支援をし、励まして続けてきた一人が金目村の宮田寅治だった。宮田はこの頃、農業学校や育英学校など中郡における学校の創設運動に関わっていた。

ある時、鍼医として名声を高める秋山と、弟子の教育問題について語る機会があった。

「秋山さん、今までは講習会で弟子を育成する、昔ながらのやり方で良かったのかもしれないが、これから先、多数の盲人を教育していくためには、学校が必要ではなかろうかと私は思っております。この際、大英断をもって盲人学校を設立したらいかがですか」

と、持ちかけた。

当時、盲人の学校は京都を皮切りに東京、横浜などに三十余校が開設されていた。

講習会開設から二十年が過ぎ、盲人を取り巻く社会の情勢は変わってきていると、秋山自身も常々感じていたのだ。

その一つが四十二年に神奈川県から公布された県令第九号（鍼灸治営業取締規則）である。この規則の主旨は、それまで各地方で管轄を任されていた鍼灸術を、全国統一の免許鑑札にするというものだった。

それを受けるには、試験に合格した証書か、地方長官の指定する学校の卒業証書を添える必要があった。鍼灸医として営業するに当たっては余りにも厳しい条件だった。

学校を設立したいとの強い気持ちはあっても、資金をどう工面するかが最大の難問だった。

「金銭面は私が何とかしましょう。目の見えない人たちに、秋山さんがどれほど心血を注いでいるか金目の人たちはみんな知っている。きっと力を貸してくれるでしょう」

宮田は、秋山の胸の内を見透かしたように言い、背中を押した。

（自分の胸の内をわかってくれている。もはや一刻の猶予もない）

この日を機に秋山は、盲人学校を設立したいと切に願うようになった。

二　私立中郡盲人学校の設立

秋山が明治二十二年に鍼灸按摩講習会を開催するに当たって、尽力を惜しまなかった猪俣道之輔。その後の盲人学校の設立に協力を申し出た宮田寅治。両者は金目村で自由民権運動活動家として知られていた。

長きにわたって国を支配していた江戸幕府が崩壊し、新しい世へ大転換を遂げた歴史的な流れは、多くの若者に夢と希望を与えた。

中央政府で国づくりに励む志士もいれば、地方から国を改革しようと奔走する人たちもいた。やがて、近代化へと大きく舵を切った新政府に対し、憲法の制定や国会開設、国民の自由や権利を求める運動が起こった。

その中心人物は板垣退助や植木枝盛らで、明治十年代になると、国会開設や憲法制定を求めた自由民権運動が、全国的なうねりとなって盛り上がっていた。

神奈川県内には板垣退助や植木枝盛など、著名な人物と交流した活動家が多く存在している。彼らは地域の自由民権運動の発展に大きく貢献した。

金目村も例外ではなく、二十歳代真っただ中の宮田寅治、猪俣道之輔、森鏆三郎《こうさぶろう》の三人はその運動の先頭に立っていた。猪俣道之輔は森鏆三郎の実弟で、のちに猪俣家の養子に入った。

その頃、宮田と猪俣は、かつて神奈川県令を務め自由民権活動家でクリスチャンでもあった中島信行と、金目講学会の講師だった細川瀏《きよし》の影響を受け、キリスト教への関心を高めていた。

二人は明治十九年に横浜海岸教会で洗礼を受けている。そして、地元金目村に日本基督教金目支部を設立し、光明寺の南側に教会堂を建てた。クリスチャンとなった二人は、政治活動をする一方で、人間の尊厳に基づく活動を精力的に進めていった。弱者に対する救済を使命としていた彼らが、盲人学校設立のために尽力したのは自然の流れだったといえよう。

その後、村長や神奈川県議会議員などの要職に就き、教育や福祉などの分野で多大な貢献をしたのだった。

いずれも豪農の家柄で、江戸期は金目村の最上層の農民だった。宮田の家は光明寺から東へ道を一本隔てた東側にあり、広大な屋敷を構えていた。鎌三郎兄弟の生家は、観音橋を渡った金目川沿いの西側で、どちらも秋山の治療院とは程近い距離にあった。

宮田は時折、秋山の師匠である與野の治療を受けていた。そのお伴で来ていた時からよく知っていて、「勘が悪い」と叱られる秋山に心を寄せていた。

それが一人前の鍼医になり治療院を開業し、あれよという間に盲人のための講習会を開くに至った。

折しも、明治二十二年に大日本帝国憲法が公布され翌年には帝国議会が開かれて、自由民権運動は一定の成果を上げ、終盤に差しかかっていた頃である。

その後の宮田寅治は、金目村を教育と福祉の村にしたいという理想を抱き、地域活動へと立ち位置を変え、さまざまな運動に取り組んだ。女性の人権を守るため廃娼運動の先頭に立ち、県議会で廃娼決議を実現させた。また、裁縫を主とする女子講習会を開くなど女子教育にも力を入れた。

秋山は宮田の百人力の味方を得て、学校を創立するという夢への実現に向かった。

「秋山さん、盲人学校を設立するには、まずその理由を示す趣意書が必要です。思うところを存分に語ってください。私が書き留めます」

秋山にとって宮田の支援はどれほど心強かったことか。

「鍼灸は世の人に賎《いや》しき職業として見られていますが、医術に属す理学的療治の一つであり無稽のものではないのです。その治療の目的とするところは、人身体中の神経を直接、もしくは間接に刺激して機能を亢進させることです。だから、術者は解剖生理学を修め、人体内臓の位置や構造、神経の経路などを熟知しなければならないと思っております。

私は二十年前から講習会を開き当業者の育成に努めてきました。しかし、未だに本来の目的を達せられずにいます。このままでは、営業取締規則に明文化されている試験制度に合格することは叶わない。救済の道は盲人学校の設立しかないのだと訴えたい」

設立趣意書は秋山博を発起人とし、町村長など二十九氏が連署して、明治四十二年四月下旬に大磯警察署に提出された。

数か月のうちに盲人学校規則や出願書を出し、着々と設立に向けての準備が整えられていった。

それらの一連の計画は記事として、四十二年五月下旬から翌年にかけて「横浜貿易新報」に掲載された。世論へ啓蒙するという宮田の考案だった。

金目自由民権活動家や地元の篤志家は、盲人学校実現のため寝食も忘れて取り組む秋山を支援し続けた。講習会講師の白木、比企らは支援者に趣旨を説明して回った。当時、金目村の村長に就任していた猪俣松五郎も尽力を惜しまなかった。

十二月に県の許可が下り、ついに南金目の地に私立中郡盲人学校が誕生した。明治四十三年四月九日のことである。

秋山は四十七歳で初代校主に就任した。私立学校における経営責任者たる校主の地位に就いたのは、長い盲学校の歴史の中で、ただ一人である。

初代校長職には六十一歳の伊達時が就任した。伊達時は二宮村の出で、湘南社の幹事として活躍した民権活動家の一人だった。青年時代、医学や漢学を学び、宮田や猪俣らと同志でもあった。教育の充実に心を寄せていたこともあり、初代校長として迎えられた。

当時、盲学校では国語、算数などを学ぶ五年制の尋常科、その先に鍼按を学ぶ技芸科が設けられ、職業教育としての技芸科は灸点三か年、按摩三か年の修養を要し、鍼治においては五か年を必須としていた。

中郡盲人学校は、それにならって普通教育と職業教育の兼習制を取り、学科等の規則を定めた。

校舎は光明寺の南側にあった二十五坪ほどの日本基督教会講義所を借用した。秦野街道を隔てて教員宿舎と男女別棟の寄宿舎も建てられた。

「さあ、記念に写真を……」

横浜から少しずつ普及し始めていた写真技術が金目にも届き、羽織、袴に身を包んだ秋山が女子寄宿舎の前で晴れがましい姿で納まった。その表情は、宿願が叶ったにもかかわらず、どことなく控えめである。

生徒数は当初七名だったが、中途転入を受け入れのちに九名となった。

秋山校主は仕事の傍ら、無償で実技指導を行った。学校設立に協力した白木、比企両医師らも無給で講師を務めた。

寄宿舎の生活費用は徴収したが、授業は無料だったこともあり、自立を目指した盲目の若者たちが熱い志を抱き、金目を訪れた。徐々に生徒数が増え、二十有余名を数えた大正三年には、秦野街道南側にあった私立育英学校（現県立秦野高校）を借用し、移転するほどになった。

しかし、経営は常に深刻な状況にあった。秋山は校主として学校運営に携わり、理療教師として実技指導をし、加えて鍼医師としての仕事と八面六臂《はちめんろっぴ》の日々を送りながら、後輩への教育に情熱を注ぎ続けた。

家庭を顧みる余裕のない中、次女と三女を相次いで亡くした。それに追い打ちをかけるように大正五年十月、初代校長の伊達時が現職にありながら死去した。盲人学校開校から六年目のことであった。

秋山は失意のどん底に陥ったが、それ以上に妻の悲しみは深かった。二人して絶望の淵をさまようしかなかった。二代目校長に森鑅三郎の長男純一が就任し、生徒数が増え始めても慰めにはならなかった。

そんな中、秋山が脳溢血で突然倒れた。大正六年、薫風に青葉が揺れる五月のことだった。静岡に住む長男の勝のもとで、療養生活が始まった。勝は家族を母に任せっぱなしの父に反発を感じながらも、同じ医学の道を志し静岡で産婦人科医院を開業していた。

手足が幾らか不自由になったが仕事から解放され、やっと平穏な日々が訪れていた。テツは一回り小さくなった夫の手をさすりながら、昔話を語り続けた。それを聞きながらも、秋山の頭から盲人の行く末を案ずる気持ちが消えることはなかった。

「あなたは充分やり遂げましたよ。後の人たちが、あなたの意思を立派に受け継いでくれますよ」

秋山博はテツの言葉に安堵した表情を浮かべ、家族に見守られながら、大正七年三月二十三日、この世を去った。行年五十五歳。早すぎる死だった。遺骨は静岡市内の長源院に葬られた。ひときわ大きな墓石には、至心院法眼博雅居士と刻まれている。

出家はしなかったが得度をし、生を終えるまでの十年間は、至心の境地だったのかもしれない。心の目を見開き、幾多の盲人の自立を願って邁進した生涯だった。

一方、三十余年にわたって秋山と苦難をともにしたテツは長男のもとで余生を送り、九十三歳の長寿をまっとうした。

秋山の葬儀は、金目村において盛大に執行された。大きな支えを失った学校関係者の悲しみは、計り知れなかった。学窓にいる男生徒は、非凡な秋山の技術にあやかろうと快癒を期待していただけに、惜《お》しみと悲しみに打ちひしがれ、女生徒たちは、オロオロと泣くばかりであった。

当時、日露戦争の余勢を駆って躍進していた日本は、軍備や殖産興業、帝国教育に力が注がれ、盲人の学校を作るという決断は人々から理解を得られなかった。身体に障がいがあることで差別されるのは、当たり前の時代だったからこそ、それは無謀な計画だったに違いない。だが、秋山にしてみれば医学に携わる者として、学問的にも技術的にも一流を目指しただけのことだった。盲人の自立を目指し、高みへの階段を駆け上がる努力を惜しまなかった。妥協を許さなかった。それだけのことだった。

その年の九月、宮田寅治が第三代の校長として就任した。折も折、第一次世界大戦下で受けていた景気の波が、戦後一転して不景気の波と変わり、盲人学校廃校論が話題に上っていた時期であった。

三　存続危機からの出発

宮田寅治に盲人の憧憬の的であったと言わしめた秋山の死は、大きな悲しみと打撃を与えた。盲人学校の生徒数も二桁を切り、減少の一途を辿った。

遺志を継ぎ、宮田寅治は六十五歳で三代校長に就任した。秋山を失ったことで開校以来、各方面から得てきた篤志家の寄付も減少し、その後の経営は困難を強いられた。

学校経理の逼迫が表面化してきていたため、宮田は倹約のため教職員数を減らすなどして、経営を縮小せざるを得なかった。そして、資金源を維持するため地域住民から会費を徴収する慈善後援会を設けることにした。

そんな状況下で関東大震災が起こった。大正十二年九月一日午前十一時五十八分すぎのことである。暑中休暇が終わって二学期の始業式が教室で行われる日で、十二名の生徒が登校していた。

十一時半ごろ式を終え、生徒一同は元気よく運動場へ飛び出した。時々砂埃が舞うほどの風が吹いていたが、久しぶりに会う友との時間は何ものにも代え難かった。

しばらくして、

「地面が揺れている」

と、生徒の一人が叫んだ。

「地震だ。大きいぞ。みんなその場にしゃがんで動くな」

経験したことのない揺れや、ゴォーという唸り声に生徒一同はわれを失ったが、運動場にいたことが幸いした。

「みんな無事だ」

「よし、大丈夫だ」

と、声をかけ合い励まし合ったが、突然襲った強い揺れに、泣きだす女生徒もいた。

校内にいた宮田校長は梁《はり》に挟まれて身動きできなくなったが、余震の揺り返しでできた隙間から抜け出し助かった。理療科教員だった寺田福太郎は、全壊した校舎の下敷きになったが、テーブルの下に潜っていたためことなきを得た。十二名の生徒は全員無事で、人的被害は免れた。

マグニチュード七・九と推定された関東大震災の震源地は相模湾北西部だったが、東京を中心に未曽有の被害をもたらした。

橋梁はほとんど破損した。馬入川（相模川）の鉄橋や、国道の馬入橋は橋脚から崩れ落ち通行が不能になった。

崖崩れや地割れなどが起こり、家屋の密集していた平塚町、須馬村の被害は特に大きく四千戸以上の家屋が倒壊した。

この頃借用していた育英学校の校舎も全壊の憂き目に遭い、金目の観音堂を借り授業は行われたが、校舎再建の見込みは立たなかった。

（廃校は阻止したいが避けられない事態だ）と宮田寅治は腹をくくり、余震のある中を息子の文一を連れ、歩いて大磯の郡役所を訪ね訴えた。

「盲人学校がすっかり倒れしまい、復興の見込みが立たない。廃校する他ないと思うと断腸の思いだ」

黙って聞き入っていた森郡長は、

「非常に重大な問題だ。出県して知事に相談してくるから、沙汰があるまで待つように」

と、返答した。

郡長は早速、横浜へ向かった。横浜は大変な惨状で、住居はことごとく全壊し瓦礫の山と化していた。やっとの思いで仮県庁を探し、安河内知事に会い中郡の状況や盲人学校の窮状を訴えた。

これを受け県知事はすぐに上京し、後藤新平内務大臣に面会し指図を求めた。

「関東大震災は非常事態で、復興は容易ではない。けれども盲学校のような社会事業は万難を排し、いかなる方法をもってしても復興しなければならない。世界各国からおびただしい復興機材が横浜へ送られてくるはずだから廃校などとはもってのほかだ。

こういう社会混乱の時こそ社会事業に大活躍してもらわなくてはならない。資材や資金は必要なだけ政府から出す。横浜へ帰ったらその旨を関係者に通達するように」

との回答を得て、知事はようやっと東京から戻り、郡長に興奮した面持ちで語った。

「君はすぐにこのことを盲人学校長に伝えなさい」

内務大臣、県知事、郡長の迅速な連携によって廃校を免れることができた。郡長から報告を受けた宮田は、白木、比企、森純一第二代校長、猪俣らを自宅に集めた。彼らの顔は喜びに満ちた。

「良かった、良かった」

「秋山校主が見守ってくれた」

思いは一つだった。

「校舎再建の願いが叶い、こんなに嬉しいことはない」

宮田は感無量だった。そして、言葉を続けた。

「日頃思うに、私は新しい学校は交通の便利な平塚に、と考えているのです」

金目村は交通に不便だと感じていた各人も、宮田の申し出に即座に賛同した。

一同は再建の実現に向け動き出した。講習会時代から盲人を支援してきた比企喜代助は、当時平塚町長に就任していた。彼は学校敷地の獲得に奔走し、運良く篤志家の私有地の提供を受けることができた。

一期工事は平塚町の不要になった小学校舎一棟分の古材を無償で譲り受けたため、順調に進みたちまち出来上がった。

二期工事はアメリカからの復興資材を得たが、焼け野原となった横浜からの物資の補給路はいまだ復旧しておらず、山下町から船で平塚の須賀港まで運ばれた。

そうした間も宮田、比企、白木は運営に必要な寄付金を集めるために中郡内をくまなく歩いた。

大勢の協力者の労が実り、大正十三年十月、平塚町新宿字浅間下の三百坪の敷地に新校舎と寄宿舎が完成し、翌月に授業が行われていた金目観音堂の仮校舎から移転することになった。

移転は至って簡単で、荷物はすべて馬力屋に任せ、生徒はバスに乗って出かけた。落成式は生徒と二、三名の有志、三名の職員と経営者だけの簡素で静かなものであった。

「まるで大名になったみたいだ」

と、生徒たちは喜びの声を上げた。木造校舎の前で、宮田校長を中央に職員と十五名の男女生徒が緊張した表情で写真に納まった。

存続の危機を脱した新校舎は広大な敷地に建てられた。交通の便も良く県内各地から生徒が集まった。

一方、聾者は年々増え盲人を凌ぐほどになっていたが、学校教育から取り残されていた。耳が聞こえないことで意思の伝達に不自由さはあったが、普通に生活ができたゆえであろうか。盲学校は職業教育を施す学校としての基礎が確立していた当時にあって、聾教育を保障する機関はほとんどなく、これを要求する世論が起こり始めていた。

折しも「盲学校は盲人に、聾唖学校は聾唖者に普通教育を行い、その生活に必要な特殊の知識技能を授けること」を目的とする「盲学校及び聾唖学校令」が発令されていた。

宮田や比企らは他府県を視察し、その道の先輩に話を聞き、経営上の困難を一つ一つ排し、大正十四年四月一日、私立中郡聾話学校を開校した。聾唖生は盲学校の一室で授業を受け、昭和二年に新校舎ができるまでの間、ともに過ごした。生徒数は二十人を超していた。

その年に入学した盲生の一人は、聾唖生との生活を、

「体操や遊戯は聾者と一緒にやっていましたが、騎馬合戦をやる時は盲人がいつも馬になっていました。海岸へ行って聾者と角力《すもう》を取ることもありました」

と述べている。盲学校については、

「経営者がみんなクリスチャンであったために、学校が一つの家庭のように和やかで、日曜には全校の生徒が教会へ行って、讃美歌を歌ったり、お祈りをしたりして帰ってきたものです。こんなに嬉しい家庭的な学校は他にないと思いました。

卒業するのが嫌でたまりませんでしたが、その日を迎えた時、比企先生から『お前たちは社会へ出たなら誠実を持って業務に当たってくれ』と言われました。

今もこの言葉を忘れずにやっています」

と語っている。

年号が大正から昭和に移り変わり四年を過ぎた頃、日本も世界恐慌のあおりを受け、深刻な不景気に見舞われた。学校はまたしてもひどい経営難に陥った。

経済面では困難を極め、教員は薄給を強いられていたが、教育面では師弟は兄弟親子以上の関係となり、厳しさの中に温かさの混じる学校であった。

ちょうどその頃、各府県は一校ずつ盲聾学校を設立しなければならない旨の文部省令が発令された。

郡内町村からの負担金や後援会からの資金が減少して経営がますます深刻化し、宮田は再び決断を迫られた。県立への移管である。卒業生を中心に父兄や中郡選出県会議員、町村長らが一団となり運動を展開した。

県立学校への移管が刻々と現実味を帯びていき、昭和六年、県立学校代用の覚書が公布され、二年後に横山助成県知事の英断により県移管が決定した。

第三代校長として経営に携わった宮田寅治は、その年の昭和八年三月三十一日、十四年と六か月にわたる校長職の幕を閉じた。八十歳になっていた。

秋山校主亡き後、その遺志を受け継ぎ、盲人との縁を感じながら、一心不乱に打ち込んできた仕事だった。存亡の危機から盲学校を見事に救出した年月だった。

明治四十三年、金目で産声を上げた私立中郡盲人学校は、度重なる改称と変遷を繰り返しながら、昭和八年四月一日、神奈川県立盲唖学校となった。盲部、聾部の二部体制として、新たな歩みを刻むことになった。

四　県移管と頌徳碑建立

神奈川県立盲唖学校の第四代校長には清水徳造が任命された。清水は横山知事に挨拶するため県庁まで出向いた。

横山は知事室のドアまで出迎え、

「県下の盲唖教育のため、君の手腕に大いに期待している。思う存分やってくれたまえ」

と、開口一番にそう言った。

清水は小学校教育や教育行政の経験は持ち合わせていたが、盲唖教育にはまるで関心も知識もなかった。

しかし、知事に発破をかけられ、もはや賽は投げられたと思った。

はやる気持ちで浅間町の校舎に赴任したが、その時に受けた衝撃は深かった。そこには惨めなバラック校舎と不備な施設、オンボロ小屋のような宿舎が並んでいたのだ。

「これが県立の学校なのか」

清水は唖然とし、盲唖学校の校長として課せられた仕事を見つけた気がした。

盲唖教育を理解しようと、時間があれば教室を巡り生徒と触れ合った。盲生の点字の触読には神秘が宿ると感じ、聾生の口話の話しぶりは涙ぐましさを見た。教育の偉大さ、職責の重大さに身の引き締まる思いがした。

県移管の翌年、県立平塚高等女学校（現江南高等学校）の寄宿舎を増改築した新校舎が平塚市平塚に完成した。

ただ、敷地に余裕がなく一坪の運動場も取れなかった。女学生たちは喜々として運動場を飛び跳ねているのに、盲、聾生はそれが叶わない。

清水は県に願い出たが一向に耳を貸してはもらえず、思い余って時の平塚市長に懇願した。

「運動不足に陥りがちな盲生にとって、運動場は不可欠です。また、按摩施術の体力をつけるためにも運動場はなくてはならないのです」

市長は市所有の北側隣接地千坪の寄付を快諾した。職員、生徒は一丸となって整地を行い、広々とした運動場が目の前にでき上がった。新校舎に移って一年後のことだった。

以後、体育の授業や運動を思う存分楽しむことができるようになっていった。「盲人教育は先ず運動場から」というスローガンが掲げられ、陸上の全国大会に出場して相当の成績を収めるようになった。

数回にわたり移転や増改築を繰り返してきたが、県立校として校舎、寄宿舎、運動場が整い落ち着き出した頃、盲学校開校の功労者をたたえる動きが起きた。

平塚盲学校の校門を入って左手の小さな築山の中央に、校舎を見守るように石碑が建っている。昭和十三年に建立された「頌徳碑」である。

その碑には、創立者の秋山博をはじめ、彼に協力を惜しまなかった自由民権活動家を含む十一名に対する報恩や感謝の念が刻まれている。

建立に際し、平塚をはじめ伊勢原や大磯、秦野の各鍼灸按組合や多くの卒業生が厚意を寄せ、六月八日に除幕式が挙行された。

主催者の清水徳造校長は祝辞で、

「この種の教育はその及ぼす範囲も狭く、世人の視野外に置かれがちな最も地味な、しかも、はなはだ困難な事業であります。

しかし、名利を思わず、困難を顧みず奮然と立ち上がり悪戦苦闘し、今日ここに盲学校があるのは、十二氏の功業でありまことに偉大なことだと思っております」

と、述べた。秋山校主については
「秋山先生は、もし自らを護っておられたら巨万の富を積むことも至難ではなかったでしょう。しかし門を敲《たた》く多数の弟子の実状を目撃しては、先生の仁心はこれを看過するのを許されなかった。

『盲人の品位を高め技能を磨き生活を安定させるためには、一にも系統ある教育すなわち盲人学校あるのみである。このためには一身一家の犠牲は辞さない覚悟である』と不自由な体を駆って東奔西走同志に謀り、上に訴え有志に説き千辛万苦、遂に素志を貫徹し風変わりな学校として世人の目をそばだたしめるにいたりました」

と、語っている。

黒御影石に刻まれた碑文は、次のようである。

本校ハ明治四十二年秋山博翁ノ創立ニ係ル翁夙ニ鍼按ノ発展ニ志シ同業大久保惣太郎荒井清心柳川藤五郎諸氏ト謀リ或ハ講習会ヲ開キ或ハ組合ヲ組織シテ其向上統一ニ努ムルコト二十年其熱誠ハ更ニ盲人教育機関ノ必要ヲ痛感シ普ク同志ヲ語ラヒ寝食ヲ忘レテ奔走盡瘁遂ニ私立中郡盲人学校ヲ金目村ニ創立セリ之ヲ本校ノ権興トス初代校長ハ伊達時氏ニシテ翁ハ校主タリ其創業時代ヲ輔ケテ教授ニ経営ニ心血ヲ濺ゲル篤志家ヲ白木啓比企喜代助両國手トス宮田寅治氏猪俣道之輔氏二代校長森純一氏亦本校揺籃期ニ於テ克ク其哺育ノ重任ヲ完ウセラル會々大正十二年震災ニ遭フ校長宮田寅治氏ハ白木比企森竝ニ近藤市太郎猪俣松五郎諸氏ト協戮克ク之ヲ既倒ニ救ヒ且ツ将来ヲ慮リ百難ヲ排シテ平塚市ニ復興セリ加之諸氏ノ仁心ノ醇厚ナル県下幾多聾唖者ノ学ブニ所ナキヲ憾ミ大正十四年又聾話学校ヲ併設ス嗚呼一校ノ経営既ニ容易ナラズ況ヤ二校ヲヤ然モ克ク之ニ堪ヘテ着々成績ヲ挙ゲ遂ニ縣移管ノ隆運ヲ致セルモノ実ニ盲唖教育史上特筆スベキ功業ト謂フベシ往時ヲ回想スレバ感慨寔ニ量リ無キモノアリ茲ニ本校職員生徒卒業者並ニ平塚大磯伊勢原秦野各鍼灸按摩組合等相謀リ報本反始ノ誠ヲ輸スベク前記十二氏ノ徳ヲ頌シ石ニ勒シテ之ヲ不朽ニ伝フ

昭和十三年四月八日　神奈川県師範学校長正五位勲六等佐藤禮云選文並書

（原文ママ）

家庭を犠牲にして盲人教育に一生を捧げた秋山博の功績は、長く後世に伝えられることになったのである。

秋山の遺志を継ぎ財政困難な盲人学校の経営を引き受け、関東大震災による倒壊、廃校の危機から再建を導いた宮田寅治は、頌徳碑の完成を見届け十月に八十五歳で死去した。秋山同様、私心を捨て盲者や聾者と歩んだ生涯だった。

その後の日本は、じわじわと戦争への道に舵を切った。昭和十五年に国旗掲揚台や御真影奉安殿などを校内に完成させている。

そして、その翌年の十二月に太平洋戦争に突入した。

壮丁が前線へ送られる中、盲学校では銃後の奉公に県下町村の鍼按奉仕を決行した。生徒は夏休みを返上し、引率の教員とともに学校や青年会館、山寺へと仮寝をしながら村から村へ連日連夜、奉仕に駆けずり回った。出征遺家族宅への慰安治療、相模原の陸軍病院へも約五年間、按摩の慰問奉仕に行った。

太平洋の島々がアメリカ軍の攻勢により占領され、本土決戦が囁かれるようになった。

空襲は、十七年から始まり、人々を恐怖に陥れた。サイパン島陥落の後は、大都市は無論のこと、地方都市までが空襲に襲われた。平塚には火薬廠や日本国際航空工業など軍需関連の工場も多く、空襲の標的になったのだった。

教員の一人が目撃した話では、平塚に初めて単機の敵機が現れたのは高麗寺祭の十八年四月十八日で、千畳敷山（湘南平）に置かれた砲台から迎え撃ったという。

戦時下、盲唖学校には盲唖合わせて二百余名の生徒がおり、空襲警報が鳴るたびに約二十名の職員で数か所の防空壕に避難させていた。それでも、疎開することはなく慰問奉仕を続けていた。

昭和二十年の七月十六日未明、暗闇が昼間のように明るくなり、一夜に四十四万七千七百十六本の焼夷弾が投下された。平塚新宿（現見附町）を中心に市街地は焦土と化した。

当時、盲唖学校六年生だった小林福二は、夜中に平塚が空襲を受けたことを両親から聞いた。二宮の自宅から真っ赤に染まった平塚が見えたという。

「平塚が全部やられたんだよ」

と、父親は声を震わしながら福二に言った。

「みんなは無事だろうか」

電車は止まっており、徒歩しか方法がなかったが心配でたまらず、次の日、福二は二宮から線路を伝いながら平塚まで行った。夏の強い日差しを受け、額から汗がしたたり落ちた。

平塚駅周辺は熱気が渦巻いていた。焦げた木材や瓦礫が重なり合い、通学で見慣れた風景はそこにはなかった。

悪臭が漂う中、進むにつれ被害が少なくなっていったが、平塚海軍共済病院（現平塚共済病院）の南角にあった電柱は黒焦げになり、焼夷弾の跡を留めていた。しかし、標的とされた火薬廠の損傷はそれほどでもなかった。

のちの研究で平塚空襲の標的は火薬廠ではなく、民間軍需工場の破壊や一般市民の殺傷だったことが明らかになった。市民に精神的な衝撃を与え戦意を喪失させるのが狙いだった。平塚市の調査では三百余名の尊い命が奪われたと報告されている。

幸い、盲学校は罹災を免れた。一人の負傷者も出さなかった。清水校長は天祐にただただ感謝した。

夏休み明けには学校が始まった。

ただ、戦後の食生活の窮乏はいかんともしがたく餓死寸前のありさまで、多くの寄宿舎生をどう生き延びさせるか、との戦いに日夜明け暮れていた。

敗戦後、連合国軍（ＧＨＱ）の占領下に置かれた日本は、さまざまな民主改革を余儀なくされた。日本国憲法の制定、財閥解体、農地改革などに加え、教育改革も行われた。明治以来の制度が大きく変わり、軍国教育に彩られていた教育内容も一掃された。

昭和二十三年四月一日、隣接の平塚高等女学校は県立女子高等学校と改められた。が、ほどなくして男女共学の県立江南高等学校に生まれ変わり、このことが盲学校移転のきっかけとなった。

盲唖学校は今までの盲部と聾部が分離、それぞれ神奈川県立平塚盲学校、平塚ろう学校と改称され、小学部への就学義務制が発足した。小学部、中学部の上には三年制の高等部理療甲課程本科が設置された。

改革は按鍼灸業者の免許にまで及び、従来の営業免許から身分免許制に変わった。免許は文部大臣認可の学校、もしくは厚生大臣認可の養成機関を卒業後、地方公共団体が実施する試験の合格者に与えられることになり、厳しさが増した。

清水徳造は引き続き校長として、戦後の新改革に精魂尽くして取り組み、昭和二十四年に退職した。

そのバトンは全盲の教員、寺田福太郎が受け取った。寺田は関東大震災で九死に一生を得た全盲の教員である。

高等女学校の変遷に伴い、再び校舎の移転を迫られた。在校生や同窓生は、便利で安全な通い慣れた場所を探し当てようと躍起になった。

県や市に陳情に行くなど苦労を重ね、最終的には戦後横浜ゴムに払い下げられた火薬廠の跡地、中郡大野町中原下宿（現平塚市追分）に決まった。四千六百余坪の広大な敷地の中央に運動場を設け、挟むように校舎、寄宿舎それぞれ二棟が建設された。敗戦後の状況下での新築工事は、七十周年の座談会で三沢が語った通り大変な労力と時間を要した。

それだけにその喜びは三十一年に高度百六十メートルから撮られた航空写真でうかがい知ることができる。運動場に「平盲」と書かれた人文字は、白黒でありながらくっきりと存在感を示している。

寺田は秋山校主を心から尊敬していた。自分の使命は、彼の功績や人となりを語り継ぐことだと考えていた。寺田は機会を見つけては秋山校主について生徒に話した。

小学六年だった小林福二は理療科教員になる夢に向かい、新制の中学部に進級し、その後、東京へ出て東京教育大学付属盲学校の教員養成部を卒業し、その夢を実現させた。

昭和三十一年、小林は母校の教壇に立った。恩師の寺田と再会し、しみじみと語った。

「寺田先生、僕は卒業して初めて秋山博先生が盲人学校をつくるのに力を注いだ創立者だと知りました。学生時代は漫然と過ごしていて、勉強以外は何も知ろうとしなかった。教員になって盲学校の歴史を認識するようになりました。秋山先生のおかげでこの平塚盲学校が成り立っているんですね」

以来、小林は卒業生を誘い恩師とともに春の彼岸に金目の寂静寺《じゃくじょうじ》を訪ねた。

寂静寺には秋山が逝去して五年後に、十名の弟子によって建てられた墓がある。

「先人の偉業を知り、偲び、後の世へ繋ぐのは後輩としてとても大切なこと。同窓会の一行事として祥月に墓参することにしよう」

と小林が呼びかけると、それに呼応した同窓生が毎年三月には連れ立って墓参に訪れた。

現在では「秋山博墓前祭」が春分の日に執り行われ、金目地域の人たちとともに秋山翁を偲ぶ日となっている。

「盲人に自立の道を……」と盲学校設立に情熱をかけ奔走した先人と、彼を無償の愛で支えた金目村の自由民権活動家、影の後援者ら数多の人々の善意に、一同は言葉で言い尽くせない感謝の祈りを捧げている。

新教育課程の下で小林福二は一生懸命、生徒と向き合った。生徒の就職相談には親身になって乗り、就職先には一緒に出向くこともあった。

盲学校という狭い社会ではあったが、生徒の悩みを聞いたり、一緒に考えたり、その中で得られる喜びは、何ものにも代え難かった。利害関係を超えた生徒と先生の関係は、他の職場では経験できない特別なものだと小林は思っていた。

(自分は先生の仕事が好きだ。先生になって良かった)と、しみじみ思った。

小林福二は平塚盲学校九年間の在職を経て都立文京盲学校へ転勤した。

亜以子が赴任する五年前のことで、二人の間には接点はなく、それぞれに点を記したにすぎなかったが、まぎれもなく同一直線上にいた。

第三章　重複障がい児とともに

一　すぎの子学級の担任として

歴史を紐解いて見ると、そこには苦難に溢れていた過去があったが、七十年にわたって築き上げられてきた歴史は、一朝一夕に知り尽くせるものではなかった。

しかし、過去から未来には縦に繋がる縁があり、今という時間軸には横に繋がる縁もある。創立七十周年記念誌の編集委員に選ばれたのは巡り合わせだったのかもしれない、と亜以子は感じていた。

昭和五十四年度から重複障がい児学級を担当していた亜以子は、七十周年の行事と並行して仕事に当たりながら、今の縁に心を委ねていこうと思っていた。

視覚だけの単一障がい児のクラスを普通学級と呼ぶのに対し、知的障がい等を併せ持つ子どもたちのクラスを重複学級と呼んでいる。重複学級には一年生から六年生まで七人が在籍しており、四人の先生で担当した。

戦後の改革で六・三制の義務教育が施行され、盲児、ろう児を含めほとんどの子どもたちが就学した。日本国憲法の規定により、教育を受ける権利を獲得した結果である。しかし、重度の障がい児は就学猶予や免除が認められ、教育の場から切り離された。

ところが、子どもの基本的人権を保障しようという動きが国際的に高まりを見せ、五十四年、文部省は養護学校を義務化する政令を発令した。設置義務を法的に明確に定めた。いわゆる「五四《ごよん》義務化」である。

盲学校では十数年前より小、中学部に重複学級を設置し、指導に当たっていた。

「誰もが教育を等しく受ける権利」の観点からすれば、喜ばしい政策である。しかし、受け皿としての現場の対応は、不安と戸惑いを隠し切れなかった。担任を自ら希望する教員は少なかった。

五四義務化施行直前の三月、亜以子は校長室に呼ばれた。新年度に向け学級担任の調整をしているところだと校長は言い、

「重複学級の担任を引き受けてもらいたい」

と、畳みかけた。

予想外の話に、動悸が高鳴るのを押さえることができなかった。

(目が見えず話すこともできず、自分の意思を表せない子どもたちとどう向き合えばいいのだろう)

サリバン先生が頭をよぎった。しかし、即答できない自分もいた。

「重複学級はグループ担任制を取りますから、四人の先生とチームを組んで指導に当たっていただきます。三人の先生は持ち上がりを希望しましたので、チームワークは素晴らしいと思います。いかがでしょう、引き受けてもらえませんか?」

不安ばかりでは前に進まない。母親になった今の自分には、少し違う角度で重複児に当たれるかもしれない。(これも縁なのだ)と亜以子は思い、承諾した。

五十四年度の入学式と始業式を四日後に控え四人はその準備に追われたが、チームリーダーの宮代徹也の指示で首尾よく終わった。宮代は

「クラス名をすぎの子学級と名づけています。『お山の杉の子』って歌、知っています?　元気よく、真っすぐ、大きくなろう、っていう歌詞にあやかってつけたんですよ」

と、歌を口ずさんだ。

そして、

「すぎの子学級を担当して五年目になりますが、僕も希望してなったわけではないんですよ。縁があったのかなぁ。

もちろん初めは戸惑いましたよ、意思の疎通はできなかったし、やらせは拒否しましたからね。だからこちらとしては苦労して教具を用意しても、無理強いしないで自然体でつき合うよ

うにしました。一人一人の癖や特長を知るようにしました。毎日接するうちに、言葉なんかなくてもお互いに通じ合うんだと感じるようになりましたよ。

それは嬉しかったですね」

と言った。

亜以子が新採用で初めて担任した子どもたちは個性的で、障がいをものともせずに明るく生きていた。その経験は教員としての礎になったと感じていた。

毎年繰り返される入学式での新たな出会い。今回はどんな巡り合わせになるのだろう。

小学部の新一年生は、普通学級の三名とすぎの子学級の二名だった。まだあどけなさの残る小さな新入生の中で、すぎの子学級の武美は体格が良く頭一つぶん、抜き出ていた。対照的に、里絵は触ると折れそうな小枝のように細かった。

式を終え、亜以子は二人と手をつないで廊下へ出た。

「里絵ちゃんは今日から一年生なんだよ。先生は?」

と、下を向いていた里絵が、突然甘えた声で聞いてきた。

「先生も一年生の担任は初めてだよ。一年生同士仲良くしようね」

と答えると、閉ざされた眼を声のする方に向けてにっこり笑った。そして、

「今、誰か通ったね」

と、人の雰囲気を感じては話しかけてきた。

里絵はおしゃべりが大好きだった。思いがけない言葉の交流だった。教室までわずかな距離だったが、一足出してはまた一足と、床を確かめるように慎重に歩く里絵の手を、亜以子は固く握りしめた。

教室には、これから始業式に臨む五人の在校生が二人を待っていた。三年生に進級した翔子、四年生の由香、五年生の一男と克典、六年生の恭子だ。

宮代と女教諭の坂下と成瀬が

「武美ちゃん、里絵ちゃん、入学おめでとう」

と、大きな拍手で迎えた。拍手の音が突然だったせいか、武美はとたんに不機嫌になって荒げた声を出した。

それに呼応するかのように里絵も耳を抑えながら

「やめて、やめて」

と、叫び出す。静まっていたクラスが突然騒々しいびっくり箱と化し、亜以子がうろたえていると、すかさず宮代が「お山の杉の子」のテープを流し、一緒に歌い出した。

しばらくすると、子どもたちは曲に合わせて前後に体を揺らし始めた。二人の一年生も落ち着き、誘導されるままに席に着いた。

その様子を驚きながら見守っていた新入生の母親もひとまず安心し、初日を終え下校したのだった。

いきなり静かになった教室で、亜以子は大きく深呼吸した。そして、入学式後に行われている始業式会場へ向かった。

校歌が聞こえてきた。二番には先人に思いを馳せた壮大な歌詞が並んでいた。

金目川　川なみ清く
さわやかに　せせらぐところ
この窓に　我ら学べば
先人のあと　今に輝き
健やかな　いのちに生きて
ともに励まん　栄光の道

亜以子は着任したその日と同じように、新鮮な気持ちで校歌を聞いた。

すべての行事が終わり在校生を母親の手に委ねた後、一男を寄宿舎へ送り届ける宮代と入れ違いに教室に入ってきたのが、一男の祖母だった。

母親代わりに一男を育ててきた祖母は優しく慈愛に満ちた顔で、

「一男ちゃんがまた寄宿舎でお世話になります。土曜にお迎えに来て、月曜に送ってきますけど、バスと電車を乗り継いで片道三時間はかかるんですよ。でも、季節を見ながらゆっくりと来ています。

よろしく、よろしくお願いします」

と、何度もお辞儀を繰り返して去っていった。目尻を下げ、ちゃんづけで孫を呼んだ祖母の十余年を、垣間見たように感じた。長く感じられた一日だった。

亜以子は翌日から七人と向き合うことになった。重複学級での実践は、実践というより試行錯誤の連続だった。教科書やありきたりの知識ではまったく太刀打ちできなかった。彼らの興味や関心を引く、教科書や視覚教材に代わる教材を考えねばならなかった。放課後に話し合いを重ねた。

どんなに工夫をしても、気に入らなければ一瞬で見向きもされない。そんな翔子が気に入ったのは、教室に置かれた直径二メートルほどのトランポリンで、跳ぶほどに喜色満面の表情を見せた。時折、甲高い楽しそうな声も上げた。

「まるで、そのためにつけた名前だと思いませんか？　翔子なんて、出来過ぎですね」

と、成瀬が目を細めた。

一男は棒さしが得意だった。

「おとうさんは大工だから、手先の器用なところは父親譲りかもしれないですね」と棒を手渡しながら、宮代は一男の指先に視線をやった。

里絵は童謡が大好きだった。武美はブランコにはまった。由香は教室の中央に立ち、体を前後に揺らして一人遊びを好んだ。飽きるまで続けた。克典と恭子は歩き回るのが好きだった。

天気の良い日は連れ立って校外へ出かけた。歩行はバランス感覚を養うのに良く、校外には様々な刺激があり、欠かせない日課だった。

宮代が男子二人を両脇に抱え、先頭で歩いた。亜以子は一年生の二人と一緒だ。里絵の歩行は心もとなかったが、音や匂いに敏感に反応しその都度立ち止まった。「怖い」と言わなくなった。

数少ない興味、関心の中で七人が一番興じたのは夏の水遊びだった。朝からそわそわしているのがわかるほどだった。

プール開き後に行われる小学部全体の水泳指導で、すぎの子学級は普通学級の子どもたちと交じり合って楽しんだ。体育専科の教員が、男子二人を大きいプールで自由に遊ばせた。彼らは潜ったり浮かんだり、自在に動き回った。

女子は浅いプールでの水遊びが気に入っていた。飽きることなく、浮き輪に揺られ心地良さそうに漂った。

亜以子がすぎの子学級を担当して一番胸をえぐられたのは、翔子の母親の一言だった。

「翔子にとって私はどんな存在なんでしょう。母だとわかっていないですよね」

返す言葉が見つからなかった。確かに翔子は「おかあさん」と呼んだりはできない。でも、迎えに来た母が「翔子」と呼ぶだけで、すべてを投げ出し母のもとへ駆け寄る。言葉をはるかに超えていると亜以子は思った。

すぎの子の子どもたちを一人ずつ中学部へ送り出した宮代は、本校を転勤する際、

「初めのころは苦労したけど、一緒にいるうちに子どもたちと仲良くできて、本当に楽しかったなぁ。

でも問題はこの先々の進路ですね。三年間はあっという間だから」

それが気がかりだと言った。

当時、重度障がい者施設はほとんどなく、中学部、高等部を卒業した後の彼らは、在宅しか進路選択の余地がなかったからだ。

「おかあさんたちが一丸となって、彼らに合ったホームをつくるのが一番だと思っています」

と、保護者に彼の思いを吐露して去った。

秋山博が盲人の自立を目指して教育機関の設立に奔走していた当時は、彼らを差別的な言葉

で呼び、鍼灸業を賎しい職業と見る風潮があった。そうした気運にありながら志を曲げず、奔走を続けた秋山の背後には、自由民権活動家や福祉思想に基づいた篤志家の支援や協力があった。

それから、時を経て医療の進歩により、多くの命が救われるようになった。盲人を取り巻く環境も大いに変わった。重複障がい者も等しく教育を受ける権利を保障された。彼らに職業的自立はできないとしても、楽しい時は声を上げ、嫌な時は拒否し、一人一人はその存在を示してくれる。目は見えなくても、言葉で自分の意思は伝えられなくても、かけがえのない「健やかな命に生きて」いるのだ、と亜以子は強く感じていた。

二　津久井やまゆり園の悲劇

年号が平成に変わり二十八年目の夏、にわかには信じがたい事件が起きた。それは亜以子が教員の仕事を全うし、退職してから数年が過ぎた七月二十六日の未明に起こった。

神奈川県相模原市にある障がい者福祉施設「津久井やまゆり園」で、十九名の尊い命が奪われ、二十六名が重軽傷を負った悲惨な事件である。

その日の朝は、どのテレビ局も現場から大きく事件を報道していた。それを耳にした時、咄嗟に亜以子の脳裏に浮かんだのは一男のことだった。

一男との間には三十年以上の月日が流れていたが、出会った時の幼い顔がくっきりと甦った。「障がい者は不幸をつくることしかできない」「人の心を失った心失者は安楽死させるべきだ」と障がい者に対し歪んだ差別思想を持つ男がこの事件を引き起こした。そして、犯行に及んだのが施設の元職員だったことも二重の衝撃だった。

現地をレポートする報道員の高揚した声が、穏やかな農山村にこだまするように幾重にもなり視聴者に響いてきた。

しばらくの間、画面に釘づけになっていたが、時間が経つにつれ、亜以子の胸はざわついた。

（一男は、彼の刃の犠牲になったのではあるまいか？）

マスコミに犠牲者の氏名が登場しなかったことも、不安を増幅させた。

性別と年齢が公表されると、そのうちの一人が一男とピタッと当てはまった。一男ではないと打ち消す気持ちと、もしやと確信する気持ちが交錯した。いても立ってもいられず、翌々日、夫が運転する車に乗り込み現地へ向かった。

車は相模川の西側に位置する平塚の自宅から国道一二九号線を北へ向かい、厚木を少し走ったところで、北西に誘う四一二号線へ進路を変えた。多くの車が間断なく行き交う幹線道路から外れると、両側の景色も田園風景に変わっていった。

車内で二人はほとんど口を利かなかった。カークーラーだけが無遠慮に音を立てていた。

現場に近づくにつれて、凍った空気の中に入っていくような感じがした。パトカーが数台止まっている。報道機関の車も多数ある。警察官は車を止め、

「どのようなご用件ですか？」

と、亜以子に尋ねた。

「教え子が……」

その一言で警察官はすべてを察した。

「車を道路の横に置いて、これから先は徒歩で行ってください」

二人はそれに従い、徒歩で坂道を上がっていった。

閉ざされた門扉の外周りに半円を描くように、数多くの報道陣が様子を見守っていた。門扉の手前には献花台が設けられ、幾つもの花束が捧げられていた。

先に訪れた人々は報道関係者にマイクを向けられ、カメラマンがその様子を撮影していた。

献花台の前に立って、亜以子はただ祈った。無人の建物は静まり返り、一男の安否を確かめようもなかった。

門扉の内側にいた警備員に、やまゆり園の職員に会って教え子の様子を知りたいと告げると

「ここには誰もいないんです。職員もみなショックを受けていて、連絡を取るのは難しい状況ですね」

高等部卒業後の進路について、一石を投じた宮代の言葉に突き動かされたのは恭子の母親だった。彼女は支援者の協力を得て資金を集め、重複障がい者のための生活ホーム「あゆみの家」を開設した。あすなろ学級（中・高等部重複学級の名称）の卒業生三名が親元から離れ入所している。

津久井やまゆり園に入園したのは、一男だけだった。家から一番近い施設だったからだ。一男がここに入園してから、祖母は三時間かかった送迎から十二年ぶりに解放されたのだ。

亜以子は一男が高等部を卒業し、この施設に入所したことは宮代から聞いていたが、今日まで面会に来たことはなかった。音信がないことは元気なのだ、と心の隅で勝手に思い込んでいた。

不安は解消されないままだったが、事件現場では勝手な行動もできず、仕方なく帰ろうとすると、数名の記者が歩み寄ってきた。

警備員との話が終わるのを待ち構えていたようだった。

「ここに来たのは何か理由があってのことですか?」

「今回の事件をどのように受け止めておられますか?」

「犠牲者の氏名が公表されないことをどう思いますか？」

矢継ぎ早に、質問された。

頭が真っ白になり、まとまった考えなど語れるはずもない。教え子の安否を確かめたかった、と答えるしかなかった。

女性記者の一人が
「その生徒さんのこと、心配ですね。私の身内が県内の施設に入居しているので、何かわかるかもしれません。問い合わせてみましょう」

と申し出てくれ、一筋の光明を見た思いでその場を離れた。

数日後、記者からの電話で亜以子は一男の無事を知った。数年前に別の福祉施設に措置されていたとのことだった。安堵はしたが事件の奥底に潜む多くの大きな問題を思うと、心の底から喜べなかった。

盲学校で重複障がい児と接した六年間は、教育の原点を教えられた歳月だった、と亜以子は今更ながら思った。机上の知識を教えることはまったく通用しない。ともに過ごしながら、彼らを理解し可能性を見つけそれを伸ばす。時間がかかり、根気が要った。

諦めず、粘り強く待つ。すると、彼らはそれに呼応するかのように、気に入ればとことん追求する集中力を見せ、あからさまに喜怒を示す表現力で答えてくれた。喜びの表情は亜以子たちの労苦を一蹴させた。

事件後、「差別のない社会を」「弱者を大切にする社会を」と一層声高に叫ばれるようになったが、実現の展望は見えてこない。

やまゆり園長は
「どんなに障がいが重くても、受け皿になれるような居場所づくりを目指してきたのに、私たちの暮らしすべてが奪われてしまった」

と、悲痛な思いを語った。

障がいがあろうがなかろうが、人が生きる意味を他人が判断し、抹殺する権利など誰にもないのだ。「健やかな命に生きる」権利を誰も奪うことはできないのだ。

隔たりのない当たり前の場所でその存在を認め合い、当たり前の暮らしをともにする社会の実現。

亜以子は秋山博を支援し続けた金目の民権活動家を思い浮かべた。彼らは障がいのあるなしに関わらず、個々の人権を大切にして支え合ってきた。

百年前の先人たちはともに生きる社会を築いた先駆者として「いまに輝き」、栄光への道を照らしている。

第四章　白い杖の先に

一　中学部での実践

亜以子は三十八年間の教員生活で、数多くの出会いに恵まれた。縁に導かれてこられたのだと、つくづく思う。とりわけ印象に残っているのは、中学部での実践だった。

すぎの子学級を担任して六年が過ぎ、武美と里絵は中学部の重複学級へ進学した。一区切りついた亜以子は中学部への転部を願い出て、昭和六十一年度の新入生担任となった。

職場は同じでも学部が違えば現状が異なり、それぞれに即した指導体制が敷かれていた。小学部の教員構成は女性の経験年数が長いベテランが多く、少数の中堅や若手がそこに入り混じっていたのだが、教科制を取る中学部は比較的若手が多かった。三十代後半に差しかかっていた亜以子は、その中で年長の部類になった。小学部とは立場ががらりと変わった。

新中学一年は六人で、盲学校の入学基準に該当し幼稚部から本校に通学していた。男子の一人、溝口基司は生まれつき光を感じることができない全盲、袋井直江は準盲、浦部孝之、小原秀一、竹林静子、中西佳穂の四人は弱視生だった。

すぎの子学級は複数担任制だったが、今度は一人で六名と向き合うことになる。一回り大きな学生服に身を包んだ男子も女子も生徒同士は七、八年のつき合いだから気心は知れている。新担任の亜以子がどんな人物なのかを定めるため、興味津々だった。

「入学式の校長先生の祝辞をどう受け止めましたか？」

小学部と一線を画した二階の教室へ戻り、ホームルームを始めた。広いガラス窓から春の柔らかな陽光が差し込んでいる。すかさず溝口が

「先生の声は、少し高めですね」

と、言った。全盲の彼は、音や声で物事を判断する能力に長けていた。新採用で初めて受け持った子どもたちから訛っていると言われたことは、もはや遠い日の出来事だった。

「高い声だとどうなの？」

「まぁ、怖くはないかな」

それを受けて中西佳穂が、

「それはないかも。顔を見ると怖そうだよ」

と、タイミングよく茶々を入れ教室は笑いに包まれた。互いに緊張の糸が一気にほぐれ、彼らと一緒に悔いのない時間を共有していけると思った。

「校長先生の話は『自分の可能性を信じて、それぞれの学部で一生懸命がんばりなさい』と

いうことでした」

と、小原秀一がみんなを代表して答えた。

中学部での最初の行事は、三年生が中心となって計画された新入生を迎える会だった。生徒会長でもある定岡日奈子が進行役を務めた。新入生紹介に始まり、在校生一人一人のスピーチがあり、歓迎の気持ちが大いに伝わる会だった。

定岡は全盲だったが、会場内の様子がまるで見えているかのような見事な進行ぶりで、亜以子はその力量に脱帽した。

六年を担任した時、児童会の顧問として指導に当たった。児童の自主性を重んじながら、行事が終わってみれば教員主導になっていたと悔いがあった。どうしたら自主性を育てられるのか、方法論が見つからないまま過ごしていた。

自分の求めていたのはこれだ、と直感した。目からうろこが落ちた。中三を担任し生徒会の指導をしていたのは、私立高校から転勤し四年目になる美術専科の田所俊子だった。

歓迎会が終わった後、亜以子は美術室の田所を訪ね、三年生の進行ぶりを評価した。できれば一年生にも生徒会の活動ぶりを経験させたいと申し出た。彼女は急な訪問に驚いた様子もなく、

「ありがとうございます。嬉しいです」

と言った後で、

「私は高校では十年間、生活指導を担当してきたんですよ。生徒の自治的活動を促す方法として取り入れた班活動が、高校で成果を上げたので、盲学校でも取り入れてみました。ここは少人数だから縦割りで班ができると面白いと思います。二年生も誘ってみましょう」

と、高校時代の実践を交えながら班活動の意義や意味を亜以子に語った。

盲学校では小・中学校、高校に準ずる教科指導がなされ、特別教育活動として「ゆとりの時間」が隔週土曜日に二時間設けられていた。

中二の担任は採用後二年目の若手で、ゆとりの時間の使い方に悩んでいたせいか、すぐに承諾した。

連休が明けた土曜日、中学部生徒全員が生徒会室に集合し、生徒総会が開かれた。二年生は全盲二人、弱視三人の五名。三年は全盲四人、弱視三名の七名。あすなろ学級在籍は里絵と武美の二名で、総生徒数は二十人になった。

生徒会長の定岡から、今年度の生徒会についての提案が発表された。

「目標は中学部の仲間づくりです。具体的には学年を超えた縦割り班を三つつくり、班活動を活発に行って関係性を築くことを目指します」

続いて学期ごとの行事計画が発表された。それらはあくまでも仲間づくりの手段だった。

すべての議案が活発な質疑応答の後、可決され、最後に立候補によって三名の班長が三年から選出された。すぐに三班が編成された。

以後、日常的な班活動が展開されていった。その中で亜以子が感心したのは、床掃き、机拭き、ごみ捨てを確認して回る掃除の点検だった。班長から掃除の仕方を教わり、自分たちの教室を快適に使う術を学んだ。全盲生もやり方を覚え、今まで何気なかったごみは人が生み出すものだと意識するようになっていった。

着席点検もその一つだった。会議が行われる生徒会室は三階にあり、二階の教室から各自移動しなければならない。休み時間を悠長に構え開始チャイムが鳴ってから動くのでは、遅刻の烙印を押されてしまう。

班長は班員の教室を声かけして回り、遅刻者を出さないように気を配った。一、二年生もその温情に応えようと努力した。

その結果、ゆとりの授業開始前には全員が着席して待つ、という光景が当たり前になった。延長上には、毎時間の授業に遅れまいと意識して行動する姿勢があった。

行事においても班活動が活発に行われ、成し遂げるたびに生徒は達成感を味わった。

「班長をやってみたいな」

と一年生が終わる頃、溝口や浦部は言い出し、卒業生を送る会の企画に積極的に立候補してリーダーシップを発揮した。

学年を超えた縦割り班の取り組みで、一年生が学んだことは計り知れなかった。全盲とか弱視といった障がいによる区別は、そこには存在しなかった。ともに感じ、ともに考え、お互いが同じ方向を目指し関係性を育んだ。

上級生が巣立ち、最高学年となった六人は班活動を確実に受け継ぎ、中学部の仲間づくりを牽引した。

同時に学級として高等部進学に向け、入試対策の取り組みを独自に始めたが、実践の集大成は修学旅行の計画だった。

田所は高校教員時代にわらび座を訪れた経験を亜以子に話し、得るものは多いと強く勧めた。わらび座は日本の文化、民舞を伝承する歌舞団で秋田県田沢湖町に拠点を構え、団体生活を送っていた。そして、教育と文化の接点として各地から修学旅行生を受け入れていた。人と文化の出会いと交流の場と位置づけているわらび座に心を惹かれた。

亜以子は四月早々にわらび座修学旅行を提案した。案の定、生徒は戸惑いの表情を見せた。

「踊りなんてできっこない」

と、溝口が真っ先に反対した。袋井直江も「恥ずかしい」と口を尖らせた。亜以子は田所から借りたビデオテープを繰り返し見せた。テープには「ソーラン節」を踊る高校生の、練習風景から発表会の模様が収められていた。躍動に溢れていた。

「カッコいい、踊ってみたい」

と、一番に言ったのは浦部孝之だった。「面白そう」と中西佳穂も賛同した。話し合いを重ねた。難関な牙城たる溝口を崩したのは、小原秀一が
「下級生にソーラン節を伝承できたらいいな」

と言ったことだった。

目の見えない生徒を受け入れるのは初めてだと、電話の向こうで座員は躊躇していたが、最終的には自分たちにも勉強になると承諾してくれた。

浦部がリーダーに決まり、着々と準備を始めた。六か月間はあっという間に過ぎた。

昭和六十三年十月十一日、三名の引率と生徒六名の一行は、東北新幹線に乗り込んだ。上野を出発し盛岡で乗り換え角館へ。迎えのバスに揺られ、わらび座へ到着したのは四時半を過ぎていた。平塚からはるか北の秋田は紅葉が始まり、空気は幾分ひんやりとしていた。

和太鼓の歓迎を受け、わらび劇場で芸能鑑賞。夕食後は交歓会が設けられた。

浦部は感激した面持ちで、

「わらび座の人たちと同じぐらい上手くなりたい。短い時間だけれど、歓声が沸くぐらいのものをつくり上げたい」

「座員に自分から溶け込んで、交流を深めたい」

と小原。溝口も

「僕は見えないから意味をしっかり頭に入れて踊ることを心がけたい。和太鼓も気持ちを込めて叩く。すべて自分のものにしたい」

と、決意を述べた。

翌日、稽古場で実技指導が始まった。取り組むのはソーラン節と豊年太鼓。どちらも労働の音楽だ。ソーラン節は漁師になりきり、ニシン漁の作業をする様子を踊りで表現する。三番まであり、振り付けはすべて違う。

一方、豊年太鼓は干ばつと闘いながら、生き抜いてきた農民が打ち鳴らす雨乞いの太鼓だ。

座員は、まず、情景が目に浮かぶように講義した。

「みんなは厳冬の海で寝ずにニシン漁をする漁師。眠気と疲れで油断すれば凍る海へ真っ逆さま。かけ声は命綱です。だから、お腹の底から声を出すこと。仲間を励ましながら自分を奮い立たせ、重い網を引き揚げると大漁のニシンが見えてくる。仲間と気持ちが一つになる瞬間です。

豊年太鼓は大干ばつの時、農民が天に向かって雨乞いをするために打ち鳴らしました。その願いが天に通じ、大雨が大地を潤し豊作になったという。苦しみを乗り越え、天に感謝し喜びを込めて叩きます」

二演目を正味三時間で会得しなければならない。六人に対し三人の座員が指導に当たったが、誰もが演技を完成させるとは思っていなかった。

しかし、彼らは奮起した。「下級生にソーラン節を伝承できたらいい」という初心を忘れていなかった。意味をしっかり理解し納得できるまで聞き、踊り、打ち鳴らした。

「こんなに汗をかいたのは久しぶりだ」

溝口の全身から湯気が立ち上がっていた。女子三人の掌には、太鼓のばちを握りすぎてマメができた。

練習の後は、ステージでの発表会が待っていた。座員はじめ他校の修学旅行生が観客だった。拍手に迎えられた六人は、手を前に突き出し一斉に構えた。

ヤーレン　ソーラン
ドッコイショ　ドッコイショ
と仲間と一体となったソーラン節のかけ声が響き、大漁のニシンを引き上げるさまが伝わって来た。

ドン　ドドーン　ドンドン
豊年太鼓も叩き抜いた。

指導に当たった座員は

「たった三時間でできるかどうか、実は大きな賭けでした。でも網の重さやニシンの群れが見えるほどでしたよ。一生懸命さが伝わってきました。練習を通して皆さんと触れ合えとても幸せでした」

と、賛辞を惜しまなかった。

学校に戻り、生徒はますますやる気を見せた。

「中学部の財産として『ソーラン節』と『豊年太鼓』を後輩に伝えていきたい」

と溝口が言えば、

「私も同じ意見。みんなに教えて卒業生を送る会で一緒に踊ろうよ」

と、中西が即座に賛成した。

ゆとりの時間で三年生はソーラン節を踊って見せた。予想に反して下級生の反応は今一つ盛り上がらなかった。

昼休みを利用して、実技指導が始まったが、一年生の郁馬が全く踊ろうとしなかった。

「いやだ、僕はやりたくない」

と、強い拒否を表した。

「みんなで決めたことだから守らないとね」

浦部が繰り返し言って聞かせても、耳を貸さなかった。

「浦ちゃん、あまり無理強いしない方がいいかもね。私も一年の時、嫌だと思うことがあったから、郁馬君の気持ちがなんとなくわかる。決まったから守りなさいってやり方、あんまり乗り気じゃなかった」

「へえ、中さんがそんなこと考えていたなんて全然知らなかった」

「私はいつも自信がなかったんだ。それはリーダーとしてみんなを引っ張っていけないところ。私は引っ張ろうとする自分より、引っ張ってもらおうとする自分を選んできた。そんな時、溝口君が『中さんはいつも全盲生を積極的に誘導してくれる』と私のいいところを言ってくれた。それから私は変われた。みんなを引っ張っていきたいと思うようになった。心が軽くなった。

郁馬君も自信がないのかもしれない。だから、いいところを見つけて、できることを褒めてあげれば？　自信を持ったら、その気になるんじゃないかな」

「わかった、そうしてみる」

浦部は踊りを教える前に、郁馬と信頼関係を築こうと思った。郁馬は友だちがいないこと、自分の親が寄宿舎に入れようとしていることや、踊るより歌う方が好きなことなどを喋り、浦部は修学旅行で踊りを教わり楽しかったと話して聞かせた。

「できない、覚えられない」と意固地になっていた郁馬だったが、ソーラン節の曲が流れると口ずさみ、ニシン漁に関心を持つなど、少しずつ変化が起こってきた。

「浦ちゃんが無理なく引っ張ってきたから、楽しそうな雰囲気が伝わってやる気になったと思う。本当にすごい」

中西は、自分にはとてもできないと言った。お互いを評価し合える仲間の存在が、自分の原動力となっていると浦部は思った。

卒業式を一か月後に控えた二月半ば、送る会が行われ、全員が体育館のステージに揃った。亜以子は達成感に満ちた彼らの顔を、今も忘れることはない。

二　白い杖の先に

中学部時代の教え子だった溝口は、高等部普通科を卒業後、筑波技術短期大学に進学し按摩・鍼灸の免許を取得した。その後、筑波大学理療科教員養成施設で教員資格を得、平成十一年四月、新潟盲学校教諭として採用された。

新潟盲学校の百周年祝賀の日、高齢にもかかわらず多くの卒業生が来校し、百年を祝い恩師との再会を喜び合う光景を溝口は目の当たりにした。それは母校を愛してやまない先生と生徒の姿だった。

（自分はどうだろうか？）と溝口は自問してみた。残りの人生を自分の母校で送りたいという気持ちが沸き上がり、神奈川県の理療科教員採用試験に挑むことを決めた。

狭き門を潜り抜けて母校の平塚盲学校に採用され着任した。平成二十年四月のことである。

その数年後、亜以子は久しぶりに盲学校に溝口基司を訪ねた。すでに四十を過ぎた教え子は、結婚し二児の父親でもあった。玄関を入って右手にある応接室で二人は向き合った。相変わらず堂々とした体躯であった。

「先生の声は少しも変わっていませんね」

と、開口一番彼は言った。

「出会った時も最初に声が高いって言われたの。覚えているかな」

「そんなこと、言いましたっけ？　でも本当に変わってないなぁ。かれこれ三十年以上前ですよね。

あの頃は生徒数も多くて、活気があって楽しかった。今は生徒数がずいぶん減りましたよ」

時代は確実に変化し、コンピューターの普及によって、教材・教具も便利になったという。

「でもね、ぼくは点字の危機だと思っているんですよ」

と、溝口は言った。

「中高生は点字盤やタイプライターを使っていますが、今ではブレイルセンスやブレイルメモといった便利な端末機器があります。活字を点字ディスプレイで点訳してくれ、音声情報も得られるので、中途視覚障がい者にとっては点字を覚えなくても済んでしまう。

でも、パソコンでは形としての文字は存在しません。不確かさの中に確実を求める作業をしているようなものだと思います。

ぼくはね、先生。音声のようにすぐ消えてしまう実態のない文字で学習することについては、疑問を持っているんです。視覚障がい者は点字を覚えてほしい。中途視覚障がい者にとっては大変かもしれないけど……。

なんだか最近は晴眼者への憧れが強いというか、晴眼者と同じことをしたい、同じことを味わいたいと思う傾向が強くなっていると感じるんです。

確かに便利かもしれないし、世界が広がるかもしれない。でも、それが幸せなのかどうか。見えないことは不便ではあるけれど、不幸ではないというヘレン・ケラーの言葉。ぼくもそう思います。

点字の読み書きができたその先に視覚障がい者の自立があるとぼくは思っています。歩行もそうです。今は支援が行き届き、晴眼者がどんな時も手を貸してくれます。将来的には障害物を回避して歩行を手助けするようなものが実現すれば、どこでも自由に行けるようになるかもしれない。

でも僕は極端かもしれないけど、溝に落ちようが、壁にぶつかろうが白杖で歩く、その先に自立が見えてくる、そう思っているんです。白杖が自分の目なんだとしっかり意識し、目的地まで誘導ブロックに導かれながら一歩ずつ歩くこと。

点字と白杖、両者は視覚障がい者のアイデンティティーと言えるかもしれません。

ぼくのような考え方は時代に逆行しているかもしれませんがね。

教員になって思うのは、教員が機械になってしまってはいけないということ。生徒の顔を思い浮かべながら一枚ずつ一字ずつ点字を打つ、生徒もそれを大事に読んでくれる、そこから心が育っていく。

先生、僕たち中学生の時に班活動に取り組みましたよね。そして、わらび座へ修学旅行に行きました。今でも鮮明に覚えているのは、卒業式で豊年太鼓を演奏したことです。本来なら卒業証書を授与され、来賓から祝辞をもらい、送辞、答辞で幕を閉じますが、僕たちの卒業式では和太鼓の演奏をさせてもらいました。音で成果を発表できたのは、視覚障がい者にとって最高の舞台だったと思っています。六人の仲間で育んできた絆、高等部へ進学してもそれは壊れることはない。叩きながら新たな出発に対する決意表明になりました。

三年間で学んだ関係性づくりはこういうことだったんだと、今、ようやくわかってきました。教育って結果が出るのに長い時間かかるんですね。

盲学校で学ぶことは点字と白杖の先にある自立を目指すこと、僕は原点回帰をする必要があると思っています。

時間がかかると思いますが、母校で自分なりに頑張ります」

それは百年前に盲学校を設立した初代校主秋山博の意思と重なっている、と亜以子は思った。

一世紀を経て、文部科学省は従来の盲・ろう・養護学校を特別支援学校という呼称に変えるとした。障がいを区別することなく児童・生徒の自立や社会参加に向けた支援をするという観点に基づいている。

先人の踏み出した明治の第一歩から大正、昭和、平成と百年の歳月が流れた。坦々とはいかず、それぞれの時代で苦難や試練に見舞われた。

しかし、それを乗り越えられたのは、人との出会いがあり縁があり、強い絆があったからだ、と亜以子は思う。

今日、社会はバリアフリー化し、環境条件は整いつつある。が、やまゆり事件に見られるような差別的な障がい者観はまだ根強い。

すべての人が安全で快適に暮らせる社会の実現に向けて、一人一人が心のバリアーを取り除き、繋がっていくことが大切だ。

神奈川県は平成二十八年十月十四日、県議会で「ともに生きる社会かながわ憲章」を可決した。

一、私たちは、あたたかい心をもって、すべての人のいのちを大切にします。
一、私たちは、誰もがその人らしく暮らすことのできる地域社会を実現します。
一、私たちは、障がい者の社会への参加を妨げるあらゆる壁、いかなる偏見や差別も排除します。
一、私たちは、この憲章の実現に向けて、県民総ぐるみで取り組みます。

この理念をもとに一人一人がその思いを確実に行使していけば、ともに生きる社会がその先に広がっていくだろう。そして先人の描いた軌跡を学ぶことで、その道筋を繋げられるようにも思う。

すべてを凝縮したこの憲章が他の都道府県へ波及し、共生社会実現の行動目標として後世に受け継がれることを、亜以子は願わずにはいられない。

参考文献

・神奈川県立平塚盲学校　『頌徳碑成るまで』　昭和十三年六月
・神奈川県立平塚盲学校　『創立五十周年記念誌』　昭和三十五年七月
・神奈川県立平塚盲学校　『創立七十周年記念誌』　昭和五十六年十月
・神奈川県立平塚盲学校　『創立百周年記念誌―心の松とともに―』　平成二十二年六月
・平塚市博物館市史編さん係　『平塚市史６資料編　近代(2)』　平成七年三月
・平塚市中央公民館　『聞き書き集　平塚ものがたり第二集』　二〇一三年三月
・平塚市博物館　聞き書きの会　『聞き書き集　記憶をつないで　第一集』　平成二十七年五月

・平塚市博物館　『金目の地域から大志を拓く―金目の自由民権運動』　平成十四年十月

・金目まるごと博物館　『かなひ（金目）の歴史　ガイドブック』　平成二十年六月

・猪俣悦郎　『盲唖者の慈父　宮田寅治翁』

・大畑哲　『かながわ自由民権探索』　二〇〇八年二月

・津田守一　『津田守一著作集　碑文より見た近世・近代の相模国の民衆史』　平成二十八年九月

・かながわ県のたより12　平成二十八年十二月号

・松浦恵子　『焼夷弾の雨が降った夜』　二〇一二年五月

あとがき

小学生の頃、先生になりたいと思うようになり、一九七〇年四月、平塚盲学校教諭に採用されてその夢が実現しました。

視覚に障がいがありながら、明るく生きる子どもたちとの出会いが私の人生の出発点になりました。導かれた縁だったようにも思います。

そして、初めて校長室に入った時、鴨居に飾られた歴代校長の顔写真に圧倒され、歴史の重みをズシリと感じたのを覚えています。

特に七十周年記念誌編集で盲学校の沿革に触れた折には、初代校主秋山博翁と金目の自由民権活動家との繋がりを多くの方に知ってほしいと願いました。

またたく間に時は流れ、定年退職を迎えた頃、金目に地域の人々が支え合うコミュニティー活動の基点となる金目エコミュージアムが発足したことを知りました。歴史文化分科会では自由民権の里として活発な活動が行われており、会員の柳川勝正氏から地元の資料をたくさん頂く機会もありました。

読み進めるうちに、盲学校の過去と現在を繋ぐ線が私の心に引かれていき、少しずつ形となっていきました。

拍車を駆けたのは、二年前、健常者と障がい者がともに育んで来た歴史を破壊する事件が起きたことです。十九人は人として生きる権利を奪われてしまいました。

差別のない社会の実現。簡単なことではありませんが、偏見を捨てお互いを認め合いながら繋がっていくことが大切だと心から思います。

本書を出版するに当たり、大藏律子前平塚市長が推薦の言葉を寄せてくださいました。また、小田原地方史研究会員の津田守一氏が第二章の監修を引き受けてくださり、表紙カバー絵は友人の加藤敦子氏が描いてくださいました。心より感謝致します。

最後に、教え子や平塚盲学校関係諸氏、ならびに小林一登氏はじめ神奈川新聞出版メディア部に大変お世話になりました。心よりお礼申し上げます。

著者プロフィール

松浦恵子

愛知県刈谷市出身、神奈川県平塚市在住。

1970年、神奈川県教諭に採用される。

県立平塚盲学校、平塚市立大野中学校、県立平塚ろう学校で教鞭を執り、2007年退職。

著書に「〝鼓舞子〟、海を渡る」（文芸社、2003年）、「〝鼓舞子〟、ふたたび海を渡る」（ペンネーム・沢木洋、新風舎、2005年）、「焼夷弾の雨が降った夜」（日本文学館、2012年）。

表紙カバー絵

加藤敦子

神奈川県小田原市出身、神奈川県平塚市在住。イラストレーター。

白い杖の先に

2018年12月13日　初版発行

著　者　松浦恵子

発　行　神奈川新聞社
〒231-8445　横浜市中区太田町2-23
☎045(227)0850（出版メディア部）

　ISBN978-4-87645-586-7　C0095